www.ingramcontent.com/pod-product-compliance
Lightning Source LLC
LaVergne TN
LVHW010809051026
849532LV00007B/2491

خاکہ در خاکہ زندگی

(خاکے)

مرتب:

مکرم نیاز

Khaaka dar Khaaka Zindagi (Sketches)

by: Mukarram Niyaz

Edition: April '2026

Publisher :

Taemeer Publications LLC (Michigan, USA / Hyderabad, India)

ISBN 978-93-6908-722-8

9 789369 087228

کتاب	:	**خاکہ در خاکہ زندگی**
مرتب	:	**مکرم نیاز**
صنف	:	خاکے
ناشر	:	تعمیر پبلی کیشنز (حیدرآباد، انڈیا)
سالِ اشاعت	:	۲۰۲۶ء
صفحات	:	۱۳۶
سرورق ڈیزائن	:	تعمیر ویب ڈیزائن

فہرست

پیش لفظ

اردو ادب میں خاکہ نگاری ایک ایسی نثری صنف ہے جو محض کسی شخصیت کا تعارف نہیں کراتی بلکہ اس کی زندگی، مزاج، عادات، فکری جہات اور معاشرتی کردار کو چند لفظوں میں جیتی جاگتی تصویر بنا دیتی ہے۔ ایک اچھا خاکہ قاری کو معلومات بھی دیتا ہے، لطف بھی بخشتا ہے اور شخصیت کے ظاہری و باطنی خدوخال کو اس حسنِ بیان کے ساتھ پیش کرتا ہے کہ وہ صفحۂ قرطاس پر سانس لیتا محسوس ہوتا ہے۔ "خاکہ در خاکہ زندگی" اسی فن کی ایک دل کش اور معنی خیز مثال ہے، جس میں اردو کے ممتاز اہلِ قلم، شعرا، مزاح نگاروں اور صحافیوں کی جھلکیاں جمع کی گئی ہیں۔ یہ کتاب ہمیں بتاتی ہے کہ خاکہ نگاری صرف معروف ناموں کو یاد کرنے کا عمل نہیں بلکہ ان کی فکری روشنی، انسانی کمزوریوں، ظرافت، وقار اور سماجی اثرات کو سمجھنے کی ایک تخلیقی کوشش بھی ہے۔

جگر مرادآبادی کی شاعرانہ رعنائی، مسعود حسن رضوی ادیب کی علمی وقعت، مجتبیٰ حسین کی شگفتہ ظرافت، مولوی عبدالحق کی ادبی بصیرت، شوکت تھانوی کی طنزیہ لطافت، شورش کاشمیری کی پرجوش نثر اور سید ضمیر جعفری کی شگفتہ نگاری — یہ سب اس مجموعے میں ایک ایسی فضا پیدا کرتے ہیں جس میں ہر شخصیت اپنے مخصوص رنگ کے ساتھ ابھرتی ہے۔ اس کتاب کی اہمیت اس لیے بھی ہے کہ یہ اردو نثر کی ایک نہایت مقبول اور مؤثر

صنف کے ذریعے ہمارے ادبی ورثے کو محفوظ کرتی ہے، نئی نسل کو ان شخصیات سے روشناس کراتی ہے اور یہ احساس دلاتی ہے کہ ادب صرف کتابوں میں نہیں، انسانوں کے کردار میں بھی بسا ہوتا ہے۔

پہلا خاکہ جگر مرادآبادی کے عنوان سے مظہر امام نے تحریر کیا ہے، جس میں جگر کی غنائی شاعری، ان کی داخلی کیفیت اور شخصیت کی رومانوی کشش کا احاطہ کیا گیا ہے۔ دوسرا خاکہ مسعود حسن رضوی ادیب پر علی جواد زیدی کا ہے، جہاں ان کی علمی شخصیت، تدریسی وقار اور ادب سے وابستگی جھلکتی ہے۔ تیسرا خاکہ "بانی: نو آدمیوں کا آدمی" مجتبیٰ حسین کا ہے، جو اپنے مخصوص شگفتہ اور ظریفانہ اسلوب میں ایک غیر معمولی انسان کے خاکے کو زندہ کرتا ہے۔ چوتھا خاکہ "گدڑی کا لال: نور خاں" مولوی عبدالحق کا ہے، جس میں ایک عام مگر باکمال انسان کی سادگی اور عظمت یکجا نظر آتی ہے۔

پانچواں خاکہ رفیع احمد خاں پر شوکت تھانوی نے لکھا ہے، جن کے یہاں مزاح کے ساتھ مشاہدے کی باریکی بھی ملتی ہے۔ چھٹا خاکہ عبدالمجید سالک پر شورش کاشمیری کا ہے، جہاں ادبی جرأت، صحافتی وقار اور فکری شدت نمایاں ہوتی ہے۔ ساتواں خاکہ "سنگاپور کا میجر حسرت" سید ضمیر جعفری کے قلم سے ہے، جس میں اس معروف شخصیت کی جدت، شوخی اور دل آویزی سامنے آتی ہے۔

یوں یہ مجموعہ ان شخصیات کی صرف جھلک نہیں دکھاتا بلکہ ان کے عہد، ان کے ذوق، ان کی فکری فضا اور اردو تہذیب میں ان کے مقام کو بھی روشن کرتا ہے۔ یہ کتاب دراصل اردو خاکہ نگاری کے اس خوب صورت سفر کا ایک اور سنگِ میل ہے جو قاری کو ماضی کے زندہ چہروں سے ہمکلام کرتا ہے۔

جگر مرادآبادی

مظہر امام

جگر صاحب کا نام بچپن سے ہی سنتا آیا تھا۔ میٹرک کا طالب علم تھا جب اپنے بڑے بھائی جناب حسن امام دردؔ کے اصرار پر پہلی دفعہ کسی مشاعرہ میں شرکت کا اتفاق ہوا۔ مجھے اس وقت تک شاعری، مضمون نگاری وغیرہ سے خداواسطے کا بیر تھا۔ شاید اس لیے کہ مجھ میں لکھنے لکھانے کی کوئی تحریک پیدا نہیں ہوئی تھی۔ بھائی صاحب چھُپ چھُپ کر افسانے بھی لکھتے اور شعر بھی کہتے۔ میں اماں سے اس کی شکایت کیا کرتا۔ اور اسکول کی درسی کتابوں سے بے توجہی برتنے پر انھیں ڈانٹ پلوا کر دل ہی دل میں خوش ہوتا۔ بھائی صاحب جانتے تھے کہ انھیں مشاعرے میں تنہا جانے کی اجازت نہیں مل سکتی اس لیے انھوں نے بہلا پھُسلا کر مجھے بھی چلنے کو رضامند کیا اور میرا سہارا لے کر اماں سے اجازت لی۔ مشاعرے کے لیے جگرؔ صاحب کا ایک مصرع بہ طور طرح دیا گیا تھا:

'نادیدہ اک نگاہ کیے جا رہا ہوں'

اس غزل کے ایک شعر نے عوام میں اچھی خاصی مقبولیت حاصل کرلی ہے:

گلشن پرست ہوں، مجھے گل ہی نہیں عزیز
کانٹوں سے بھی نباہ کیے جا رہا ہوں

اس غزل کا ایک اور شعر بہت مشہور ہوا جسے اردو کے عمدہ اشعار میں شمار کرنا

چاہیے:

یوں زندگی گزار رہا ہوں ترے بغیر

جیسے کوئی گناہ کیے جا رہا ہوں میں

میرے نیم پختہ ذہن پر مشاعرے سے کس کس طرح کے اثرات مرتب ہوئے ان پر تفصیل سے روشنی ڈالنا میرے لیے ممکن نہیں ہے۔ البتہ اتنا ضرور ہے کہ دوسرے ہی دن میں نے اسی طرح پر ایک غزل لکھنے کی کوشش کی۔ اگر میں اپنے پُرانے کاغذات تلاش کروں تو شاید وہ غزل بھی اپنی اصلی شکل میں مل جائے لیکن اس کے اشعار یہاں پیش کر کے میں آپ سے اپنی ہنسی کیوں اڑاؤں؟

اتنا ہی نہیں، بلکہ اس مشاعرے کے بعد مجھ میں پہلی دفعہ درسی کتابوں کے علاوہ بھی کچھ لکھنے پڑھنے کی خواہش پیدا ہوئی، اور کچھ دنوں بعد جب اسکول میں گرما کی تعطیلات ہوئیں تو میں نے ایک ڈیڑھ ماہ کے عرصہ میں کم و بیش تیس چالیس ناول ختم کیے جن میں زیادہ تر فضل بک ڈپو کے جاسوسی ناول تھے یا پھر عبدالحلیم شررؔ کے نیم تاریخی ناول۔ میں نے اسی دوران میں ۲۱ طبع زاد افسانے بھی لکھے۔ جی ہاں، اکیس! بس سمجھ لیجے، وہ افسانے کیسے رہے ہوں گے !!

مختصر یہ کہ مجھ میں ادبی ذوق پیدا کرنے اور مجھے شاعری کی طرف راغب کرنے میں کسی نہ کسی طور پر جگرؔ صاحب کا بھی حصہ ہے، یہ اور بات ہے کہ جگرؔ صاحب آخر وقت تک اس حقیقت سے بے خبر رہے۔

جگرؔ صاحب کی دو غزلیں میٹرک کے نصاب میں شامل تھیں، جن میں سے ایک تو وہ تھی جس کا مطلع ہے:

کسی نے پھر نہ سُنا درد کے فسانے کو

مرے نہ ہونے سے راحت ہوئی زمانے کو

اور امتحان میں ایک دفعہ اسے میر درد کا مطلع سمجھ کر میں نے تشریح میں غلطی کی تھی۔ انھیں دنوں یا اس سے کچھ پہلے "مدینہ" بجنور میں ان کی غزلیں باقاعدگی سے پڑھنے کا موقع ملتا تھا۔ اس وقت "مدینہ" اردو کا بڑا معیاری اور مقبول اخبار تھا۔ جگرؔ صاحب کی مشہور غزلیں یا نظمیں (جگر صاحب نے ان مسلسل غزلوں کو نظموں میں شامل کیا ہے)

آئی جو ان کی یاد تو آتی چلی گئی ("یاد")

اور۔۔

مدّت میں وہ پھر تازہ ملاقات کا عالم ("تجدید ملاقات")

میں نے پہلی دفعہ "مدینہ" میں ہی پڑھی تھیں۔ ۱۷، ۱۸ سال پہلے کی بات کل ہی کی بات معلوم ہوتی ہے۔ مؤخر الذکر غزل مسلسل کے ساتھ ایک ادارتی نوٹ بھی تھا جس میں کہا گیا تھا کہ ترک شراب اور نکاح ثانی کے بعد یہ جگرؔ صاحب کا پہلا کلام ہے۔

جگرؔ صاحب کے متعلق اتنا کچھ سننے میں آتا کہ کم سے کم ان کی صورت دیکھنے کا اشتیاق پیدا ہونا لازمی تھا۔ پھر ان کے مسحور کُن ترنم کے چرچے تھے۔ بعض احباب اور شناسا جگرؔ صاحب کے ترنّم کی نقل بھی کیا کرتے۔ اس لیے انھیں "بہ نفس نفیس" سننے کا شوق بھی تھا، اور بعد میں ان سے ملنے، بات چیت کرنے اور ان کی ہم نشینی کا شرف حاصل کرنے کی آرزو بھی پیدا ہوئی۔ اپنی پسند کی بڑی شخصیتوں سے ملنے کی خواہش میرے نزدیک عین فطری ہے۔ میں نے تو بڑے سے بڑے "بے نیاز" قسم کے لوگوں کو بھی اسی آرزو میں تڑپتے دیکھا ہے۔ فرق صرف اتنا ہے کہ ان کا احساس کمتری ملنے ملانے میں پہل نہیں کرتا بلکہ متوقع رہتا ہے کہ ان سے بڑی شخصیت خود پہلے ان کی طرف

متوجہ ہو۔

جگرؔ صاحب سے میری پہلی اور آخری ملاقات ۱۹۵۳ء میں ہوئی جب میں کلکتہ میں تھا۔ "آتش گل" کو چھپوانے کا انتظام اے۔ڈی اظہر صاحب نے کیا تھا جو ان دنوں چٹگاؤں میں کسی اعلیٰ سرکاری عہدے پر فائز تھے۔ آپ کو شعر وادب کا بہت اچھا ذوق تھا۔ مجھے کسی نے بتایا تھا کہ ان کی کوششوں سے ایک دفعہ حفیظؔ جالندھری کو چٹگاؤں میں پچیس ہزار روپے کی تھیلی پیش کی گئی تھی۔ آپ نے کلکتہ کے مشہور تاجر اور "عصر جدید" کے مالک خان بہادر محمد جان کے توسط سے جگرؔ صاحب کو رائلٹی کی رقم دلوانے کا بندوبست کیا تھا۔ جگرؔ صاحب روپے کی وصولی کے سلسلے میں کلکتہ آئے تھے اور اپنے ایک دیرینہ دوست کے یہاں کیننگ اسٹریٹ میں مقیم تھے۔ رائلٹی کی رقم کا صحیح علم نہیں۔ کچھ لوگ کہتے تھے ہزار روپے ملے ہیں، کسی نے بارہ سو بتائے۔ لیکن عام طور پر یہ سننے میں آیا کہ اظہر صاحب نے یہ مجموعہ پاکستان کے لیے دو ہزار میں خریدا ہے۔ حقیقت جو بھی ہو، البتہ میں نے جگر صاحب کی جیب میں سو سو کے کئی نوٹ اس شانِ بے نیازی سے رکھے ہوئے دیکھے تھے کہ ان کے کسی لمحے بھی جیب سے نکل کر گر پڑنے کا پورا امکان تھا۔

اتفاق سے انھیں دنوں سی-ایم-او ہائی اسکول میں پہلی دفعہ بزم مشاعرہ کا انعقاد کیا گیا۔ پرویزؔ شاہدی اسکول کے نئے ہیڈ ماسٹر تھے، اور سالکؔ لکھنوی سکریٹری۔ میں بھی اس اسکول سے متعلق تھا۔ یہ اسکول یتیم خانہ اسلامیہ کلکتہ کا قائم کردہ ہے جس کے سکریٹری احمد اللہ بزمی انصاری ہیں۔ جگرؔ صاحب مشاعرے میں "بلا معاوضہ" شرکت کے لیے بلا تکلف تیار ہو گئے۔ وہاں انہوں نے تین غزلیں سنائیں، جن میں ایک وہ غزل تھی جس کا مشہور شعر ہے:

تو مرے حالِ پریشاں پہ بہت طنز نہ کر

اپنے گیسو بھی ذرا دیکھ کہاں تک پہنچے

حیدر آباد کے ایک صاحب تھے عبد المجید، جنھوں نے اپنا نام پلٹ کر مجید عبدل رکھ لیا تھا۔ طبیعت میں مزاح تھا۔ لیکن اکثر وہ پھکڑ پن کی حد تک جا پہنچتا تھا۔ انھوں نے حسب عادت مشاعرہ میں ہوٹنگ کی کوشش کی، اور انھیں رُسوا ہو کر وہاں سے نکلنا پڑا۔ اس کا انتقام لینے کے لیے انھوں نے مشاعرہ کا ایک طنزیہ خاکہ لکھا، جس میں کلکتہ کے چند شاعروں کے علاوہ جگرؔ صاحب کا بھی مذاق اڑایا گیا۔ یہ خاکہ ۲۶ اپریل ۵۳ء کے ہفتہ وار "امن" کلکتہ میں "ٹیکنی کلر۔ اور مشاعرہ ہوتا رہا" کے عنوان سے شائع ہوا۔ شاعروں کے نام بدل دیے گئے تھے، "قلب ماہیت" سے پرویزؔ شاہدی کو لبریز شہیدی، اشکؔ امرتسری کو مُشک عنبری، رضاؔ مظہری کو دغا مخبری، احسانؔ دربھنگوی کو اعلان دربدری، ابراہیم ہوشؔ کو جراثیم پوش، سالکؔ لکھنوی کو بالک نمائشی اور مجھے مسٹر ابہام بنادیا گیا تھا۔ جگرؔ صاحب کی بابت جو کچھ لکھا گیا، وہ ملاحظہ کیجیے۔ نقل کفر کفر نہ باشد۔

"دگر برتن آبادی مائک پر تلملانے لگے۔ غزل تو پوری قابل داد تھی، لیکن ایک شعر میں موجودہ مشکلات کا حل اس خوش اسلوبی سے پیش کیا کہ (سامعین کے بارے میں تو کہہ نہیں سکتا) خود آپ دنگ رہ گئے۔ شعر میں محبوب کی زلفوں کو کھینچ تان کر جہاں جہاں پہنچایا ہے، اس کی قلمبندی مشکل ہے۔ غرض کپڑے کے ایک اہم مسئلے کو چٹکی میں حل کر کے رکھ دیا اور اس دور میں زلفوں کا ایسا کارآمد استعمال غریبوں کو کپڑے کی احتجاج سے بے نیاز کر سکتا ہے۔ علاوہ ازیں یہ شعر گیسو دراز ہیر آئیل کی تشہیر کا بہترین ذریعہ بھی بن سکتا تھا۔"

جگرؔ صاحب کلکتے میں دو ہفتوں سے زیادہ ہی ٹھہرے ہوں گے۔ میں کولوٹولہ اسٹریٹ میں رہتا تھا جو کیننگ اسٹریٹ سے متصل ہے۔ جگرؔ صاحب کی خدمت میں اکثر

حاضر ہوتا رہتا تھا۔ جب بھی گیا وہ تاش کھیلنے میں مصروف نظر آئے۔ کوئی ملنے والا آتا تو تاش چھوڑ کر اس کی طرف مخاطب ہو جاتے۔ ان کی گفتگو کا انداز بالکل ویسا ہی تھا، جیسا محمد طفیل اڈیٹر "نقوش" نے اپنے خاکے "جگرؔ صاحب" میں پیش کیا ہے۔ ابھی سیاسیات پر گفتگو ہو ہی رہی ہے کہ اچانک تصوّف اور الٰہیات کی طرف مڑ گئے، پھر عشقیہ شاعری کی طرف، پھر احباب کے بعض کارناموں کی طرف۔۔۔ باتیں اکثر اکھڑی اکھڑی اور بے ربط ہوتیں، لیکن پھر بھی جی چاہتا کہ انھیں ہی بولنے کا موقع دیا جائے۔ ان کے اندازِ گفتگو میں کچھ اتنی طفلانہ معصومیت ہوتی کہ میں سوچنے لگتا، آخر یہ شخص وارداتِ حُسن و عشق کے گہرے نفسیاتی رموز سے کس طرح واقف ہو سکا۔

کلکتہ میں جگرؔ صاحب کے ساتھ ایک حادثہ پیش آیا۔ ایک دن گھوڑا گاڑی پر سیر کرنے نکلے۔ سوئے اتفاق کہ لاری سے گاڑی کی ٹکرّ ہو گئی۔ جگرؔ صاحب زخمی ہو گئے۔ میں اور پرویز شاہدی ان کی عیادت کو گئے۔ تھوڑی دیر میں اشکؔ امرتسری اور اقبالؔ اکرامی بھی آ پہنچے۔ مؤخر الذکر آج کل روزانہ "امروز" کلکتہ کے اڈیٹر ہیں، ان دنوں روزانہ "آزاد ہند" میں "نمک پاش سلمہٗ" کے نام سے فکاہیہ کالم لکھا کرتے تھے۔ اس ملاقات کی تفصیل ان کی زبانی سنیے جو ۲۷ اپریل ۵۳ء کے روزانہ "آزاد ہند" کلکتہ میں شائع ہوئی تھی:

"آج کل حضرت جگرؔ مرادآبادی کلکتہ آئے ہوئے ہیں، تین دن ہوئے کہ بیچارے ایک حادثے کا شکار ہو گئے۔ گھوڑا گاڑی پر 'لب دریا کے کنارے کنارے' تفریح فرماتے چلے آ رہے تھے کہ پیچھے سے ایک ظالم لاری نے ٹکر مار دی۔ جگر صاحب شاعر تو بہت بڑے ہیں مگر جسامت کے لحاظ سے واجبی ہیں، لہٰذا گھوڑے گاڑی کو الوداع کہنے پر مجبور ہوئے اور بغیر اپنی خواہش یا مرضی کے نیچے آ گئے۔ اس حادثے کی خبر سن کر جہاں کلکتہ

کے دوسرے ادیب آپ کی مزاج پرسی کے لیے گئے، پرویز شاہدی اینڈ کمپنی کے ساتھ خاکسار بھی پہنچا۔ وہاں پہنچ کر کوئی خاص بات نہیں معلوم ہوئی جب تک کہ پرویز صاحب کی پرسشِ مزاج پر جگر صاحب نے اپنا شکم مبارک کھول کر نہیں دکھایا۔ جسم سے قمیص کا ہٹنا تھا کہ ہمیں بڑی کوفت ہوئی۔ ایک نازک مزاج شاعر اس وقت روحانی کرب میں مبتلا تھا۔ مگر واہ رے اخلاق کہ جگر صاحب ہم لوگوں کے ساتھ ہنستے رہے، باتیں کرتے رہے، آپ نے اخلاقاً ایک عدد غزل بھی سنائی۔

جگر صاحب کی دُنیا بدل چکی ہے۔ زمین آسمان کا فرق ہے۔ اگر پہلے "بنتی نہیں تھی بادۂ و ساغر کہے بغیر" تو اب گفتگو کے وقت زبان سے تصوف اور معرفت کے بیان ہوتے ہیں۔ اثنائے گفتگو میں جوش ملیح آبادی صاحب کا ذکر آگیا تو آپ نے کہا کہ انہیں ملحد سمجھنے والے احمق ہیں۔ جوش پکے مسلمان ہیں۔ جو کچھ لکھتے ہیں اصلاح کی غرض سے۔ پرویز صاحب سے کچھ سیاسی رنگ میں بھی گفتگو ہوئی۔ مگر ہمیں یہ دیکھ کر تعجب ہوا کہ جگر صاحب سیاست کے مسئلے بھی تصوف سے حل کر رہے ہیں۔ یہاں تک کہ کمیونزم کو بھی آپ نے مذہبی نقطہ نظر سے حل کر دیا۔ اور ہمارے دل نے کہا کہ چلو قصہ ختم ہوا۔ ہندستان کے سب سے بڑے غزل گو شاعر کے اس ارشاد کے بعد کون ہے جو کمیونسٹوں کو لامذہب کہے! دیکھا چاہیے اسلام کے نام نہاد علمبردار جگر صاحب پر کب کفر کا فتویٰ دے کر سنگ باری کی دفعہ لاگو کرتے ہیں؟

مگر ہمیں پریشانی اس وقت ہوئی جب پرویز شاہدی، اشک امرتسری اور مظہر امام جیسے شاعران شیریں کلام کے ہوتے ہوئے جگر صاحب کی نظرِ التفات اس خاکسار پر پڑنے لگی، اور لگے کچھ کلام سنانے کی فرمائش کرنے۔ بھلا ہمارے ایسے غیر مہذّب انسان کو کلام سے کیا واسطہ، اور جہاں اس قدر اہل علم حضرات جمع ہوں، وہاں بدکلامی تو ہو ہی

نہیں سکتی، لہٰذا ہم نے گھڑی دیکھی اور نماز جمعہ کا عذر کر کے وہاں سے چلتے پھرتے نظر آئے۔ یہ معلوم نہیں کہ ہماری تشریف آوری کے بعد دوسرے شاعروں پر کیا گزری۔ آیا انھوں نے اپنا کلام بلاغت نظام سنایا یا ہماری ہی طرح ہکلاتے ہوئے وہ بھی بھاگے۔"

جگؔر صاحب "ہکلانے" اور "بھاگنے" کا موقع بہ آسانی کب دینے والے تھے۔ اپنا بھی کلام سنایا۔ ہم لوگوں سے بھی کلام سُنا اور بڑے خلوص سے داد دیتے رہے۔ جوشؔ صاحب کا ذکر دورانِ گفتگو میں اکثر آیا۔ اس روز بھی، اس کے بعد بھی۔ جوشؔ صاحب کے "مسلمان" ہونے پر تو انہوں نے مہر تصدیق ثبت کر دی جس کا ذکر آچکا ہے۔ انھوں نے جوشؔ صاحب کے اخلاقی کردار سے بعض ایسے پردے اٹھائے جن کے بارے میں سوچتے ہوئے بھی تکلیف ہوتی ہے۔ ان کا دُہرانا ہر طرح خلاف تہذیب سمجھا جائے گا۔ رشید احمد صدیقی کا ہی نہیں، جوش ملیح آبادی کا بھی "دعویٰ" ہے کہ جو شخص اچھا انسان نہیں، وہ اچھا ادیب یا شاعر نہیں بن سکتا۔ میرا بھی جی چاہتا ہے کہ کاش ایسا ہی ہوتا۔ لیکن جوشؔ صاحب کی بابت جو باتیں جگؔر صاحب کی زبانی سننے میں آئیں، اگر وہ درست ہیں (اور کوئی وجہ نہیں کہ غلط ہوں، کیونکہ جگر صاحب کو متفقہ طور پر نیک اور شریف النفس انسان تسلیم کر لیا گیا ہے) تو خود جوشؔ کا اچھا انسان ہونا مشکوک ہو جاتا ہے اور اسی منطق کی رُو سے ان کا اچھا شاعر ہونا بھی۔ ویسے آج بھی اکثر میرے ذہن میں یہ سوال اٹھتا ہے کہ تصوف کے کس مسئلے کی رُو سے جگر صاحب نے جوشؔ کے بارے میں اتنی رکیک باتیں بتائیں۔

جوشؔ صاحب اس وقت تک پاکستان نہیں گئے تھے۔ جگؔر صاحب کی گفتگو سے کچھ ایسا اندازہ ہوا کہ اس وقت دونوں کے تعلقات و مراسم اچھے نہیں تھے۔ حالانکہ جگؔر صاحب اپنی رندی اور سرمستی کے دَور میں جوشؔ کے بہت قریب رہے ہیں۔ رشید احمد

صدیقی کا بیان ہے کہ انھوں نے جگر کو نشہ کے عالم میں کبھی کوئی غیر مہذّب حرکت کرتے یا ہوش و حواس کھوتے نہیں دیکھا۔ جوشؔ کا بیان اس کے برعکس ہے۔ انھوں نے مجازؔ کو جگرؔ کی وہ کیفیت یاد دلا کر ڈرایا تھا جب وہ مدہوشی کے عالم میں دوسروں کی گردن میں اپنے پاؤں کا ہار ڈالا کرتے تھے۔ مجھے جگرؔ صاحب کی شراب نوشی کا دَور دیکھنے کا اتفاق نہیں ہوا، لیکن ایک دفعہ جوشؔ صاحب کو جام پر جام خالی کرتے دیکھا ہے اور میں نے ان کی سنجیدگی اور توازن میں سَر مو فرق نہیں پایا۔

شاید میں غیر متعلق باتیں کرنے لگا ہوں، اس بحث کو میرے مضمون کی حدود سے خارج سمجھ کر نظر انداز کرنا چاہیے۔

جگرؔ صاحب کا خیال آتا ہے کہ تو میرے ذہن میں ایک نہایت ناگوار واقعے کی یاد تازہ ہو جاتی ہے۔ ۵۱ء سے ۵۴ء تک انجمن ترقی پسند مصنفین کلکتہ (اردو ہندی) ایک بڑی ادبی انجمن تھی جس کی سرگرمیاں ہر طبقۂ خیال کے اہل ذوق کو دعوت توجہ دیتی تھیں۔ اس دوران اس انجمن میں کئی اہم بیرونی شخصیتوں نے شرکت کی، جن میں سردار گوربخش سنگھ، ممتاز حسین، پرتھوی راج کپور، کرنجیا اڈیٹر بلٹز، سردارؔ جعفری، غلام ربانی تاباںؔ، نیرجؔ، بھگوت شرن اپادھیائے وغیرہ خاص طور پر قابلِ ذکر ہیں۔ جگر صاحب کے اعزاز میں بھی انجمن کی طرف سے ایک جلسہ کیا گیا۔ میں نے ان سے انجمن کے اس جلسہ میں شرکت کی درخواست کی اور وہ از راہ شفقت رضامند ہو گئے۔

ظاہر ہے کہ ایسے جلسوں میں جن میں نمایاں شخصیت آتی، حاضرین کی تعداد زیادہ ہوتی تھی۔ لیکن مائک کے انتظام کی ضرورت کبھی محسوس نہیں کی گئی تھی۔ جگرؔ صاحب آہستہ بولنے کے عادی تھے۔ ان سے گذارش کی گئی کہ وہ اپنے شعری نظریات اور فکری مسلمات پر روشنی ڈالیں۔ حسب معمول وہ انسانیت، تصوف، اشتراکیت، سب کچھ گفتگو

میں سمیٹ لائے۔ ان کی آواز ہال کے آخری سرے تک نہیں پہنچ رہی تھی۔ پھر بھی لوگ خاموشی سے انھیں سُن رہے تھے۔ اتنے میں کامریڈ قسم کے ایک صاحب (جن کا نام میں قصداً نہیں لکھ رہا ہوں) جو ایک کنارے بیٹھے ہوئے تھے اور شاید جگرؔ صاحب کی آواز ان تک نہیں پہنچ رہی تھی، جگرؔ صاحب کو مخاطب کرکے بڑی بدتمیزی سے بولے "چھوڑیئے چھوڑیئے یہ باتیں، کوئی غزل سنایئے۔" ممکن ہے کامریڈ موصوف ایسی باتیں برداشت نہ کرسکے ہوں جو "کٹر ترقی پسندی" سے سوفیصدی اتفاق نہ رکھتی تھیں (میں انھیں طنزاً "کامریڈ" نہیں کہہ رہا ہوں، سچ مچ وہ "کامریڈ فلاں" پکارے جاتے تھے) موصوف کے بارے میں مشہور تھا کہ وہ ہر معاملے میں اختلاف کرنا اپنا پیدائشی حق سمجھتے ہیں۔ ایک صاحب ان کے بارے میں کہا کرتے تھے کہ اگر ہندوستان میں کمیونسٹ پارٹی برسراقتدار آگئی تو وہ اپوزیشن میں شامل ہوجائیں گے۔

چند لمحوں تک ہم لوگ حیرت سے ان کا منہ تکتے رہے کہ وہ کیا کہہ رہے ہیں، لیکن جب انھوں نے اپنی بات دُہرائی اور جگرؔ صاحب نے بھی سن لی تو پھر ہم لوگ جس ندامت اور شرمندگی سے دوچار ہوئے، اس کا تصور کرکے میری پیشانی پر اب بھی پسینے کے قطرے نمودار ہوجاتے ہیں۔ اس وقت میری پریشانی اور بے موقعگی کا احساس کیجیے جب کہ میں ہی اصرار کرکے انھیں محفل میں لایا تھا۔ پرویزؔ صاحب تو یوں بھی ذرا جلد پریشان ہوجاتے تھے، ان کی جو کیفیت ہوئی وہ بیان سے باہر ہے۔ ہم سب نے جگرؔ صاحب سے معذرت کرکے اس ناگوار واقعے کے اثرات زائل کرنے کی کوشش کی، مگر تیر کمار سے نکل چکا تھا۔ صرف معذرت خواہی کسی غیر مہذب فعل کا لگایا ہوا زخم تو نہیں دھو سکتی۔ ہم لوگوں نے جگرؔ صاحب سے گذارش کی کہ وہ اپنا کچھ کلام سنائیں۔ وہ راضی نہ ہوئے۔ صرف اتنا کہا "مجھے کوئی رنج نہیں۔ بس ایک تکدّر پیدا ہوگیا ہے۔ اب اسے

رہنے دیجیے۔"

میں نے جن کامریڈ کا ذکر کیا، وہ اس وقت انجمن مذکور کے ممبر نہیں تھے۔ بعد میں جب انھوں نے ممبر بننے کی خواہش کی تو ہم میں سے اکثر ممبران ان کو یہ درجہ دینے پر رضامند نہ ہوئے۔ پرویزؔ شاہدی، سالکؔ لکھنوی وغیرہ انھیں انجمن میں جگہ دینے کے روادار نہ تھے۔ خود میں نے شدید مخالفت کی تھی اور انجمن ہی کے ایک جلسہ میں کہا تھا کہ جو شخص تہذیب کی مبادیات سے واقف نہ ہو، جو ہمارے ادب کی اتنی عظیم اور بزرگ ہستی کو اس طرح ذلیل کرنے کی جرات کر سکتا ہو، اسے انجمن کا ممبر بنانا انجمن کی توہین ہے۔ البتہ کچھ دوسرے ممبروں نے آپس کے ذاتی اختلافات کے مقابلے میں انجمن کی بلند تر قدروں کو نظر انداز کیا اور کامریڈ موصوف کو انجمن میں شامل کرنے کی تائید کی۔ اس وقت انجمن کے سکریٹری مظہر انصاری تھے جن کے خلوص، سادہ مزاجی اور نیک نفسی پر ان کے دشمن بھی شبہ نہیں کر سکتے، وہ ہر چند کہ اس خاص جلسے میں شریک نہ تھے، لیکن جب انھیں اس واقعے کا علم ہوا تو نہایت دل برداشتہ اور کبیدہ خاطر ہوئے اور کامریڈ موصوف کو ممبر بنایا گیا تو آپ نے انجمن سے استعفیٰ دے دیا۔ جگرؔ صاحب نے انجمن میں تصویر کا ایک رُخ دیکھا تھا۔ کاش انھوں نے یہ روشن اور تابناک رُخ بھی دیکھا ہوتا!

جگرؔ مرادآبادی ہم میں نہیں رہے۔ وہ ہمارے لیے اپنے کلام کی دولت چھوڑ گئے ہیں یا پھر چند یادوں کا سرمایہ۔ جگرؔ صاحب کی شاعرانہ حیثیت کو مختلف ناقدوں نے اپنے اپنے ذوق کے مطابق متعین کرنے کی کوشش کی ہے۔ ابھی ان کی موت کا غم اتنا تازہ ہے کہ شاید ہم لوگ جذبات کے دائرے سے بہ آسانی باہر نہ نکل سکیں۔ یوں بھی کسی شاعر کے مرتبہ کا تعین کرتے وقت سبھی ایک رائے نہیں ہوسکتے۔ اس سے قطع نظر کہ وہ کس

پایہ کے شاعر ہیں، اس میں شاید ہی کسی کو شبہ ہو کہ انھوں نے ہماری غزل کو مہذب اور فطری عشق سے آشنا کیا ہے۔ وہ ہمارے دَور کے محبوب ترین شاعر تھے اور ان کی محبوبیت ان کے کلام یا ان کے ترنم میں ہی نہیں، ان کی شخصیت میں بھی پنہاں ہے۔

***

مسعود حسن رضوی ادیب

علی جواد زیدی

مسعود صاحب میرے استاد تھے، میرے بزرگوں کے دوست تھے، بعض ادبی امور میں رہنما تھے، پھر بھی میں نہیں کہہ سکتا کہ میں ان کو بہت قریب سے جانتا ہوں۔ میں ان سے زیادہ ان کے بھائی آفاق کو جانتا ہوں جن سے میری ملاقات مسعود صاحب ہی کے ذریعے سے ہوئی۔ دراصل مسعود صاحب کو بہت قریب سے جاننا مشکل بھی تھا۔ وہ کم آمیز ہونے کی حد تک گوشہ نشین تھے۔ وقت کا کافی حصہ بہت بڑا حصہ، مطالعہ و تحقیق میں صرف کر دیتے تھے اور گھر والوں کو بھی ان مشاغل میں داخل اور حارج نہیں ہونے دیتے تھے۔ ایسا نہیں تھا کہ وہ "قطب از جانمی جنبد" قسم کے لوگوں میں رہے ہوں۔ ان کا اپنا ذاتی تانگہ تھا اس پر سوار ہو کر وہ یونیورسٹی بھی جاتے اور دوستوں کے یہاں بھی، لیکن یہ آمد و رفت نہ بہت زیادہ تھی نہ بہت کم، کم آمیزی کے باوجود ان کے دوست بہت تھے اور کئی طبقوں میں تھے۔ پھر قدیم و جدید شاگردوں کا ایک حلقہ تھا لیکن گھر والے کیا دوست، کیا شاگرد، سب کے فاصلے اور قربتیں متعین تھیں۔ وہ ہمیشہ اپنے کو لیے دئے رہتے اور کسی کو حدود سے تجاوز نہ کرنے دیتے تھے۔ وضعداری، روایت اور شرافتِ نفس نے جو قیود عائد کر دیے تھے ان سے وہ خود بھی منحرف تھے۔

وہ بڑے رکھ رکھاؤ کے انسان تھے اور رکھ رکھاؤ کو بے ترتیبی، بے نظمی، بے

احتیاطی، حفظ مراتب سے بے پروائی یا افراط و تفریط سے لگاؤ نہیں۔ ان کی زندگی ایک نظم، ایک ترتیب، ایک توازن کا نام تھی اور ان کا کمال یہ تھا کہ انھوں نے اسی برس سے بھی زیادہ طویل زندگی میں اس ربط و توازن کو بگڑنے نہ دیا۔ حفظ مراتب کا یہ حال تھا کہ اگر کوئی ملاقاتی روز مرّہ کے کاموں سے آتا تو وہ اس سے اپنے وسیع مکان کے برآمدے ہی میں مل لیتے۔ وہاں ایک ہشت پہل یا گول (مجھے ٹھیک سے یاد نہیں) میز پر پڑی رہتی تھی جس کے گرد دو تین کرسیاں ہوتیں، یہ گویا ان کا ایوانِ عام تھا۔ یہاں سرسری سماعت اور سرسری فیصلے نہیں ہوتے بلکہ حسب مرتبہ تفصیلی گفتگو ہوتی۔ ہر آنے والے کی حسب مرتبہ تواضع ہوتی۔ فرمائش کے بغیر ہی چاندی کے نقشی خاصدان میں فوراً پان کی گلوریاں پیش ہوتیں، چائے کا وقت ہوتا تو چائے بھی آتی یا گرمیوں کے زمانے میں ٹھنڈا شربت۔ اگر کسی سے بے تکلفی ہوتی تو بے وقت بھی چائے منگالی جاتی۔ یہ تواضع ہر کس و ناکس پر ضائع نہ کی جاتی۔ آخر انھیں یہ بھی تو فیصلہ کرنا ہوتا تھا کہ وہ اپنے نپے تلے وقت میں سے کسی کو کتنا دیں۔ معمولی کام والے اپنا کام کر کے بے تاخیر واپس جاتے لیکن اگر کوئی ایسی ہستی ہوتی جس سے علمی یا ادبی گفتگو کی کسی سطح پر گنجائش ہوتی تو اس کے لیے وقت نکل آتا۔ حد یہ ہے کہ ادبی کاموں سے دلچسپی رکھنے والے شاگردوں کی پذیرائی بھی اچھی طرح ہوتی۔

میں نے مسعود صاحب کو سب سے پہلے ۱۹۳۱ء میں علی عباس حسینی کے یہاں دیکھا تھا۔ اس وقت میں ساتویں جماعت میں پڑھتا تھا مگر لکھنے پڑھنے کا چسکا اس وقت بھی تھا اور دو برس پہلے ہی میرے مضامین اور اشعار اخبارات و رسائل میں شائع ہونے لگے تھے۔ اس وقت مسعود صاحب پر اس مصرعے کا اطلاق نہیں ہو سکتا تھا کہ "چہل سال عمر عزیزت گزشت" اڑتیس برس کا سن عین جوانی کہیے۔ اس کے بعد وہ ادھیڑ ہوئے، ریڈر

سے پروفیسر ہوگئے۔ پنشن پاگئے۔ یہاں تک کہ ہم سے جدا بھی ہوگئے۔ لیکن ۱۹۷۵ء میں انتقال کے وقت تک ان میں تبدیلی نہیں آنے پائی۔ وہی رکھ رکھاؤ، وہی نوک پلک باقی رہی۔ ان کے دوستوں میں کوئی نیا اضافہ نہیں ہوا لیکن جو پہلے کے دوست تھے وہ چھوٹے بھی نہیں۔ وہ "وفاداری بشرط استواری" کے قائل تھے۔

میں پڑھنے والوں کو اس غلط فہمی میں مبتلا نہیں کرنا چاہتا کہ مسعود صاحب مردم بیزار یا مغرور تھے۔ وہ یار باش نہیں تھے لیکن ان کے دوستوں کا حلقہ کافی وسیع تھا۔ اس میں لکھنؤ کے وہ نواب بھی تھے جو "چنیا بیگم" کے عاشق اور "پالی" کے مردِ میدان تھے۔ وہ بانکے بھی تھے جو قدیم فنون حرب وضرب میں طاق تھے، وہ داستان گو بھی تھے جن کی لسانی نیند اڑادیتی تھی اور وہ خطیب بھی تھے جو سننے والوں کو محو حیرت کر دیتے تھے۔ ان میں وہ مرقع ہائے عبرت بھی تھے جو سابق خاندانِ شاہی کے چشم وچراغ یا عملی وادبی خانوادوں کی یادگار تھے۔ اخباروں کے مدیر اور اسکولوں کالجوں کے استاد، مجتہد، طبیب اور ڈاکٹر مغنی اور شاعر، افسانہ نویس اور نقد نگار، ترجمے کے ماہر اور نثار، مرثیہ خواں اور مرثیہ گو، مزاح نویس اور نقد نگار، سماجی کارکن اور سیاست کے علمبردار، خطّاط اور مصور، تاجر اور سائنسداں بھی تھے۔ اس مختلف النوع اور رنگارنگ مجمع میں ہر جگہ مسعود صاحب کی مخصوص جگہ تھی اور مسعود صاحب کے ہاں ان کی مخصوص پذیرائی۔ ان میں سے کسی مجمع میں بھی وہ نہ تو اس طرح گھل مل جاتے کہ اس کا تخمیری حصہ بن جائیں اور نہ بیگانہ وار تماشائی مثال، کسی نامعلوم گوشے ہی میں بیٹھے رہتے۔ ہر جگہ اپنی سنجیدہ انفرادیت کو سنبھالے رہتے لیکن دوسروں پر انفرادیت کو وارد نہ کرتے۔ اہل علم اور بزرگوں کا خود بھی احترام کرتے اور برابر والوں اور دوستوں کو بھی حد سے بڑھنے کی اجازت نہ دیتے۔ اپنے چھوٹوں کی بات بھی خموشی سے سنتے۔ لطائف وظرائف کا سلسلہ

شروع ہوتا تو اپنی جانب سے بھی کچھ سنجیدہ اضافے کرتے۔ ادبی اور علمی مباحثوں میں اپنی بات پورے زور و شور سے کہتے۔ دوسروں کی سنتے، جواب الجواب دیتے لیکن لوگ جانتے تھے کہ مسعود صاحب نہ اس حد کے آگے جائیں گے نہ کسی اور کو جانے دیں گے۔

میں یہ کہنے میں فخر محسوس کرتا ہوں کہ میں ان کا شاگرد ہوں۔ لیکن میں شاگرد بعد میں بنا اور نیاز مند پہلے۔ مسعود صاحب کو میں نے اسکول کے ابتدائی درجات ہی سے پڑھنا شروع کر دیا تھا اور اس سے پہلے شناسائی رسائل کے ذریعے سے ہوئی۔ زیارت بھی اسی زمانے میں حسینی صاحب کے یہاں ہوئی۔ اس زمانے میں علی عباس حسینی جو دہلی کالج میں تاریخ پڑھاتے اور رومانی افسانے لکھتے تھے۔ ان کے قریب ترین ادبی دوستوں میں اختر علی تلہری، خواجہ اطہر حسین اور مسعود صاحب ہی تھے۔ یہ لوگ ان کے یہاں اکثر آتے۔ خواجہ صاحب اور تلہری صاحب تقریباً روزانہ اور مسعود صاحب کبھی کبھی۔ اس وقت تک حسینی صاحب سے میری صرف ایک دوری قرابت تھی۔ وہ سید اعظم حسین اعظم (سابق مدیر سرفراز) اور شمیم کرہانی کے حقیقی ماموں تھے اور اعظم حسین و شمیم میرے ماموں کے یک جدّی بھتیجے تھے۔ غالباً تین پشت اوپر یہ دونوں شاخیں ایک نقطے پر مل جاتی تھیں۔ میں جب کبھی لکھنؤ جاتا تو اعظم بھائی سے ملنے ضرور جاتا۔ وہ حسینی کے ساتھ ہی رہتے تھے اور سہ روزہ "سرفراز" جو بعد میں روزانہ ہو گیا تھا اور اب صرف ہفتہ وار بھی نہیں رہ گیا، کے نائب مدیر بھی تھے اور ایک علمی اور ادبی رسالہ "ادب" بھی نکالتے تھے۔ ادب سے حسینی، تلہری اور خواجہ اطہر (جنھوں نے ایک زمانہ میں رند کے فرضی نام سے بہت اچھے مزاحیہ مضامین لکھے تھے) خاص وابستگی رکھتے تھے۔ یہ تینوں سرکاری ملازم تھے اور کسی اخبار یا رسالے سے وابستگی سرکاری قواعد ملازمت کے خلاف تھی۔ لیکن واقفانِ کار کا کہنا یہ ہے کہ یہ تینوں حضرات اس کے بانیوں میں تھے اور غالباً

مسعود صاحب کو بھی دامے اور قلمے ان کے ساتھ تھے۔ دوستی کے علاوہ "ادب" کے اداراتی امور میں مشورت بھی مسعود صاحب حسینی صاحب کے یہاں کھینچ لاتی تیف۔ اس کے علاوہ اعظم، آرزو لکھنوی کے شاگرد تھے، اور بعض خانگی مجبوریوں کی بناپر آرزو کو اعظم حسینی صاحب کے مکان ہی پر بلالاتے تھے۔ ان کی زباندانی اور شاعری دونوں ہی جاذب توجہ تھیں۔ ان کی وجہ سے بھی مسعود صاحب اکثر آنے لگے تھے۔ یوں بھی ان اصحاب اربعہ (مسعود تلہری، حسینی اور اطہر) میں بڑی ذہنی یگانگت تھی۔ جب یہ سب جمع ہوتے تو اِدھر ادھر کی باتیں ہوتیں، شاعری ہوتی، افسانے اور مضامین سنائے جاتے، نقد و تبصرہ ہوتا، ہلکی اور قومی مسائل پر تبادلہ خیال ہوتا۔ ان میں، میں بھی دخل اور معقولات کرتا اور کوئی مانے یا نہ مانے اپنی سی کہتا رہتا۔ پھر ۱۹۳۵ء سے مستقل طور پر لکھنؤ آگیا۔ اب یہ ملاقاتیں جلد جلد ہونے لگیں۔ ان کی خدمت میں یہ چند سال اس نیاز مندی کے ساتھ گزرے کہ میں ان کی سخن شناشی اور دیدہ وری کا قائل ہوگیا اور اپنے کو ان کے خاصا قریب پانے لگا۔ لیکن یاد دلاتا چلوں کہ یہ قربت بھی دوری کی قربت تھی، میں نے اسی زمانے میں مسعود صاحب کی "ہماری شاعری" پڑھی۔ یہ کتاب دراصل نقد ادب میں اس مغرب زدگی کے خلاف صدائے احتجاج تھی جو بیسویں صدی کے پہلے ربع میں اردوشاعری کے اکتسابات کے کلی انکار کی شکل اختیار کرنے لگی تھی۔ مسعود صاحب نے اردوشاعری کے بہت سے اسرار و عوارض کے چہرے سے نقاب اٹھادی۔

مسعود صاحب کے دوستوں میں چند حضرات اور تھے۔ شیخ ممتاز حسین عثمانی (ایڈیٹر "اودھ پنچ") حکیم صاحب عالم (مالک دواخانہ "مورن الادویہ") مرزا محمد عسکری (مصنف "من کیستم" اور مترجم "تاریخ ادب اردو" مؤلفہ رام بابو سکسینہ") سید علی نقی

صفی اور مولانا ظفر الملک (مدیر "الناظر") یہ سب کے سب لکھنؤ کی ادبی انجمنوں کے ستون تھے۔ اور خدا انھیں بخشے، بڑے ثقہ اور رتبہ شناس لوگ تھے۔ شیخ ممتاز حسین عثمانی اس دور کے ادبی ماحول میں قطب الاقطاب کی حیثیت رکھتے تھے۔ ان کے یہاں جانے والے بہت تھے لیکن وہ شاید ہی کسی کے یہاں جاتے ہوں، البتہ کھرے دوست اور کھلے دل سے دشمن تھے۔ وہ مسعود صاحب کو بہت عزیز رکھتے تھے۔ ایک زمانے میں مسعود صاحب کے ایک ہم وطن، بیخود موہانی نے 'ہماری شاعری' کے خلاف رسالہ بازی شروع کی، پہلے کی چھوٹے چھوٹے رسالے مثلاً "آئینہ تحقیق" لکھے اور بعد میں ان سب کو یکجا کر کے "گنجینۂ تحقیق" کے نام سے تحقیقی کتاب کی صورت میں شائع کرادیا۔ اس پر ممتاز حسین عثمانی نے "اودھ پنچ" میں "گنجۂ نا تحقیق" کے نام سے وہ لے دے کی۔ بیچارے بیخود تلملا اٹھے۔

حکیم صاحب عام لکھنؤ کے شرفاء میں تھے۔ بہت اچھے طبیب، معقول شاعر اور اچھے ادب نواز دوست تھے۔ نخاس میں ان کا مطب معدن الادویہ تھا۔ کبھی کبھار مطب میں ملاقات ہو جاتی، کبھی ان کے بے حد بے تکلف اور خوش مزاد عوتوں میں یکجائی ہو جاتی اور کبھی کبھی ان مقاصدوں میں ان ملاقاتوں کے دوران کبھی آپس میں مسکراہٹوں اور لطیفوں کا تبادلہ ہوتا اور کبھی علمی، ادبی یا سیاسی مسئلے پر کچھ تبادلہ خیالات مگر بہت نپا تُلا اور مختصر۔ حکیم صاحب کی طبابت سے بھی کبھی استفادہ کرتے لیکن غالباً کشش کا ایک سبب یہ تھا کہ حکیم صاحب کا خاندان اودھ کے شاہی طبیبوں کا خاندان تھا۔

علامہ صفی لکھنؤ سے ملاقاتیں خالص ادبی نوعیت کی ہوتیں، کبھی مشاعروں اور مقاصدوں میں اور کبھی شیعہ کانفرنس کے اجلاسوں میں یہ کانفرنس ایک سماجی ادارہ تھا۔ اخبار 'سرفراز' اور "شیعہ یتیم خانہ" دو ادارے اس کے ماتحت چلتے تھے۔ کئی اصلاحی

تحریکیں اس کانفرنس نے چلائیں اس لیے علماء سے اس کا ٹکراؤ ہوا اور وہ اس سے بالکل کنارہ کش ہو گئے۔ خیال یہ تھا کہ علماء کی علیحدگی کے بعد کانفرنس ختم ہو جائے گی۔ اس عالم میں جن لوگوں نے اس کو سنبھالا ان میں یہی ارباب اربعہ تھے۔

مسعود صاحب بڑے ہی مرنجان، مرنج قسم کے انسان تھے وہ اچھے مسلمان اور اچھے شیعہ تھے لیکن ان کو تعصب اور تنگ نظری کی ہوا نہیں لگی تھی۔ وہ ایک بار ایسا بھی ہوا ہے کہ انھوں نے کسی مسلمان کو ہندو کے مقابلے میں اور شیعہ کو سنی کے بارے میں اس کی غلطیوں پر ٹوک دیا ہے۔ یونیورسٹی کی سیاست میں ایک بار ڈاکٹر بیربل ساہنی اور ڈاکٹر ولی الحق ایک دوسرے کے مقابل صف آرا ہو گئے۔ مسعود صاحب نے ڈاکٹر ساہنی کا ساتھ نہ چھوڑا۔

مذہبی ہونے کی وجہ سے انھوں نے "انگارے" کی اشاعت پر بڑی رضامندی کا اظہار کیا۔ لیکن اس کے مصنفین میں سجاد ظہیر ان کی یونیورسٹی کے طالب علم رہ چکے تھے اور احمد علی ان کے رفیق تھے۔ ان سے بھی اور ڈاکٹر رشید جہاں سے بھی ان کے تعلقات کبھی ناخوشگوار نہ ہوئے۔ اختلاف خیال کا احترام کرنا اور اپنے خیال کو ترک کیے بغیر دوسرے کی آزادی خیال کو حق بجانب سمجھنا علمی رواداری کا خاصہ ہے اور یہ خصوصیت مسعود صاحب نے اپنالی تھی۔

مسعود صاحب کی جوانی تک ایسے کئی اصحاب تھے جو اپنے ناموں کے ساتھ "ثم لکھنوی" لکھا کرتے تھے۔ مثلاً دہلوی ثم لکھنوی، مطلب یہ تھا کہ پہلے کہیں و اور جگہ کے رہنے والے تھے بعد میں سکونت ترک کر دی اور لکھنوی ہو گئے اس میں ایک طرف تو ان کے اس جذب و خلوص و فخر کا اظہار ہوتا تھا جو اپنے وطن کے لیے ان کے دلوں میں گھر کئے ہوئے تھا۔ اور دوسری طرف لکھنویت کے فخر کا بھی مظاہرہ ہوتا تھا۔ بعض لوگ

جو زیادہ شدید لہجہ تھے وہ کہتے کہ یہ اصل میں ثم اظہار برات کے طور پر لکھتے ہیں کہ ہمیں خالص لکھنوی نہ سمجھ لیا جائے۔ مسعود صاحب بھی ثم لکھنوی تھے یہ کیوں کہ ان کا اصلی وطن اناؤ کے پاس ایک قصبہ نیوتنی تھا۔ اناؤ اور لکھنؤ میں کچھ فاصلہ زیادہ نہیں ہے۔ غالباً پچیس تیس میل کا فاصلہ ہو گا۔ اس کا شمار مضافات لکھنؤ میں ہی کرنا چاہیے۔ لیکن کانپور سے قربت زیادہ ہونے کی وجہ سے ذہنوں میں اس کا تصور لکھنؤ سے قربت کا کم ہی ہے۔ مسعود صاحب کو لکھنؤ سے عشق تھا۔ یہ اسی عشق کا نتیجہ تھا کہ انھوں نے یہاں مکان بنالیا اور یہیں رہ پڑے اس معنی میں وہ 'ثم لکھنوی' ہو گئے۔ لیکن مسعود صاحب کو لکھنؤ سے جو گہری وابستگی تھی اس کے پیش نظر انھیں 'ثم لکھنوی' والی صف میں شامل کرنا زیادتی معلوم ہوتی ہے۔ مرنے سے پہلے وہ سو فیصد لکھنوی ہو چکے تھے۔

وہ لکھنؤ کے لیے "تازہ واردان بساط" کی حیثیت رکھتے تھے لیکن لکھنؤ کی محبت میں وہ لکھنو کے قدیم باشندوں سے بھی آگے تھے۔ انھیں لکھنؤ کے ذرّے ذرّے سے محبت تھی۔ انیس اور واجد علی شاہ ان کی زندگی بھر کی ادبی اور تخلیقی کاوشوں کا مرکز رہے۔ ان کے علاوہ لکھنؤ ان پر فدا ہو یا نہ ہو، لیکن وہ فدائے لکھنؤ ضرور تھے۔ یہ محبت ادبی اور ثقافتی زیادہ تھی اور علاقائی کم۔ یعنی انھیں لکھنوی ثقافت اور لکھنؤ کے مرکز ادب سے دلچسپی تھی۔ انھوں نے یہاں کی مثنویاں، یہاں کے قصیدے، یہاں کے واسوخت، یہاں کی داستانیں سب پڑھ ڈالی تھیں، تاریخ اودھ پر بھی ان کی اچھی نظر تھی۔ ان کا عقیدہ تھا کہ واجد علی شاہ کے ساتھ انصاف نہیں کیا گیا، انگریزوں نے حکومت چھیننے کی خاطر سے بہت سی روایتیں گڑھیں اور گڑھوائیں۔ محل سراؤں کا ماحول اور رنگ رلیاں بھی ضرور تھی، لیکن یہ سب مدتوں سے لازمۂ ریاست بن گئی تھیں۔ واجد علی شاہ کو رقص و سرود سے دلچسپی ضرور تھی لیکن یہ دلچسپی فنی تھی۔ اس کو لہو و لعب سے وابستہ کرنا درست

نہیں۔ یہ اور اس قسم کی باتیں ان کی صحبت میں اکثر سننے کو ملتیں اور وہ سب کے لیے شہادت پاس رکھتے تھے۔ انھوں نے واجد علی شاہ، اودھ اور لکھنؤ پر اردو، فارسی، انگریزی میں بہت سا مواد جمع کر لیا تھا۔ وہ لکھنا بھی چاہتے تھے لیکن ظالم وقت نے فرصت نہ دی۔

مسعود صاحب کوئی تراسی برس پہلے خاص محرم کے مہینے میں پیدا ہوئے۔ ان کو مرثیوں سے جو خاص شغف تھا شاید اس میں ادبی لگاؤ کے علاوہ تاریخ پیدائش کو بھی دخل رہا ہو، مسعود صاحب خود نہ تو مرثیہ گو تھے نہ مرثیہ خواں، لیکن مرثیے کی تاریخ و تفسیر و تنقید پر ان کی نظر گہری تھی، عربی مرثیہ ہو یا فارسی مرثیہ انھوں نے سب کچھ چھان لیا تھا۔ عربی کے عالم نہیں تھے مگر خاصی صلاحیت رکھتے تھے، دوسری زبانوں کے حزنیہ رثائی اور رزمیہ ادب کا بھی انھوں نے خصوصی مطالعہ کیا تھا۔ دنیا کے سب سے بڑے مرثیہ نگار، میر انیس کے حالاتِ زندگی اور کلام کا تو شاید ہی کوئی پہلو ایسا رہا ہوگا جو ان کی ہمہ گیر نظر سے بچ رہا ہو۔ انیس کے علاوہ قدیم و جدید مرثیہ نگاروں پر بھی انھوں نے جم کر کام کیا تھا اور مراثی کا ایک نایاب ذخیرہ جمع کر لیا تھا۔

مسعود صاحب نے تحقیق کے لئے مرثیے کا موضوع منتخب کیا۔ غالباً ادب مذہب اور لکھنؤ سے لگاؤ بھی محرک رہے ہوں گے، علامہ شبلی نے موازنہ انیس و دبیر لکھ کر اس موضوع سے دلچسپی بڑھادی تھی۔ "موازنہ" کی اشاعت کے بعد انیس و دبیر دونوں ہی کے طرفداروں نے اپنے اپنے ممدوحین کی سوانح عمریاں لکھنا شروع کیں، کچھ لوگوں نے "موازنہ" کا جواب بھی لکھا۔ ان میں المیزان کی سی متوازن کتاب بھی تھی اور رد الموازنہ جیسی غیر متوازن بھی۔ نول کشور پریس سے مختلف مرثیہ نگاروں کے مراثی کی بہت سی جلدیں شائع ہوئیں۔ بعض دوسرے مطابع نے بھی اس میں ہاتھ بٹایا۔ ضمیرؔ، دلگیرؔ، فصیحؔ، خلیقؔ، دبیرؔ، انیسؔ، مونسؔ، رشیدؔ، وحیدؔ، تعشقؔ وغیرہ کا کلام مطبوعہ شکل میں

ملنے لگا تھا۔ لیکن اس صنف پر کسی نے جم کر کام نہیں کیا تھا۔ تاریخ مرثیہ پر 'دربار حسین' غالباً واحد کتاب تھی لیکن اس تصنیف پر صحیح معنوں میں تاریخ کا اطلاق نہیں ہوتا کچھ جزوی اشارے موازنہ وغیرہ میں بھی تھے۔ سوانح بے حد تشنہ اور پایۂ اعتبار سے ساقط تھے۔ مرثیوں اور سلاموں کے متن اغلاط سے پُر اور الحاقی کلام کی بناء پر مشکوک تھے۔ مسعود صاحب نے اس کام میں نظم و ضبط لانے کا بیڑا خود اٹھایا اور ساری زندگی اس کام کے لیے وقف کر دی۔

انھوں نے ایرانی مرثیہ گوئی پر ہراولی کام کیا ہے۔ افسوس کہ یہ کتاب ابھی تک شائع نہیں ہو سکی ہے، ممدوح کو مرتے دم تک اس کی اشاعت کا خیال تھا۔ غالباً اب ان کے صاحب زادے نیّر مسعود اس طرف توجہ کریں۔ ہندوستانی مراثی کے قدیم نمونوں کا پتہ نہ تھا۔ انھوں نے بڑی کوشش و کاوش سے قدما کا کلام جمع کیا۔ انھوں نے اپنے ذاتی کتب خانے کے لیے جو ذخیرہ مراثی جمع کیا تھا وہ بے مثال تھا۔ بعض لوگوں نے ان کو توجہ دلائی کہ اس ذخیرے کو کسی بزرگ تر کتب خانے میں محفوظ کر دیا جانا چاہیے تاکہ زیادہ شائقین ادب اس سے فائدہ اٹھا سکیں اور اس کی مناسب دیکھ بھال ہو سکے۔ یہ سوال کئی بار اٹھا لیکن غالباً وہ اس ذخیرے کی جدائی گوارا نہ کر سکتے تھے۔ انتقال سے کچھ دن قبل انھیں بھی یہ خیال ہونے لگا کہ اس ذخیرے کو محفوظ کر دینا چاہیے۔ خوش قسمتی سے آل احمد سرور (سابق صدر شعبہ اردو علی گڑھ مسلم یونیورسٹی) اور ڈاکٹر محمد حسن (سابق صدر شعبہ اردو جموں و کشمیر یونیورسٹی) دونوں ہی کو یک وقت یہ خیال آیا کہ یہ ذخیرہ اپنی یونیورسٹی کے کتب خانے کے لیے محفوظ کر دیں۔

مسعود صاحب نے اس سلسلے میں مجھ سے رائے مانگی کیوں کہ انھیں معلوم تھا کہ علی گڑھ سے لگاؤ کے علاوہ مجھے ریاست جموں و کشمیر سے بھی علاقہ خاص رہا ہے، دونوں

ہی نے ایک ہی رقم تجویز کی تھی۔ لیکن ڈاکٹر محمد حسن نے تجویز پہلے پیش کی تھی۔ مجھے محسوس ہوا کہ مسعود صاحب ایک طرف تجویز کی اولیت اور اپنے شاگرد کی پیش کش اور دوسری طرف اپنے ایک سابق ہم کار کی پیشکش اور علی گڑھ یونیورسٹی کی علمی اہمیت کے درمیان فیصلہ نہیں کر پارہے ہیں اور اسی لیے میری رائے جاننا چاہتے ہیں۔ میرے لیے بھی وہی الجھن تھی لیکن میں نے کہا کہ اگر اب ریاست جموں کشمیر میں اردو کا خاصا مقام ہے لیکن وہاں کی یونیورسٹی کو علی گڑھ کی طرح مرکزیت حاصل نہیں ہے۔ تاریخی اور علمی اہمیت کی بناپر مولانا ابوالکلام آزاد لائبریری میں زیادہ لوگ اس سے استفادہ کر سکیں گے۔ بعد میں مجھے معلوم ہوا کہ انھوں نے بھی علی گڑھ ہی کے حق میں فیصلہ کر دیا اور اب یہ نایاب ذخیرہ وہیں موجود ہے۔ اس ذخیرے میں صرف قدیم ہی نہیں بلکہ جدید مراثی بھی بڑی تعداد میں موجود ہیں۔

مرثیہ کا دور جدید انیس و دبیر سے شروع ہوتا ہے۔ اس دور جدید کی بنیاد تو میر ضمیر نے رکھی لیکن اس کی تکمیل دور انیس میں ہوئی۔ مسعود صاحب نے انیس ہی کو تحقیقات کا موضوع بنایا۔ مسعود صاحب بیسویں صدی کے "انیسیے" تھے، آپس میں لڑانے کے لیے نہیں بلکہ وہ انیس کے کھلم کھلا طرفدار تھے۔ اور دبیر کو اس مرتبے کا شاعر نہیں سمجھتے تھے۔ اس معاملے میں وہ علامہ شبلی کے ہمنوا تھے۔ کسی بات میں بھی دبیر کی فوقیت تسلیم کرنے کو تیار نہیں تھے، مثلاً دبیر کے بعض بینیہ مرثیے اچھے سمجھے جاتے ہیں، بی اے کی طالب علمی کے زمانے میں ایک دن میں مسعود صاحب کے دولت کدے پر حاضر ہوا۔ غالباً علی عباس حسینی بھی وہاں موجود تھے۔ باتوں باتوں میں میں نے کہا کہ مرزا صاحب کے بعض سوز کے مرثیے اچھے ہیں۔ فرمانے لگے "کیسے ؟" میں نے کہا مثلاً یہ مرثیہ

ع۔ "جب ہوئی ظہر تلک قتل سپاہ شبیر"۔ فرمایا۔ "ہاں اچھا تو ہے، لیکن اس کا جواب انیس نے ایک مطلع میں دے دیا ہے۔" پھر تھوڑی دیر کے لیے خاموش ہو گئے۔ شاید میرا ردِّ عمل جاننا چاہتے تھے۔ میں نے خاموشی توڑی "تو وہ مطلع مرحمت فرمایئے"۔ کچھ دیر رک کر گویا ہوئے۔

"آج شبیر پہ کیا عالم تنہائی ہے؟" ان کا وہ رک رک کر تاثر بھرے لہجے میں یہ مصرعہ دہرانا اور ایک آہ سرد کھینچنا آج تک میرے کانوں میں گونج رہا ہے۔ میں نے اس وقت تک انیس کا یہ مرثیہ پڑھا نہیں تھا۔ خاموش ہو گیا۔ بعد میں یہ مرثیہ ڈھونڈ نکالا۔ شروع سے آخر تک پڑھ گیا۔ اچھا ہے لیکن ایسی بات بھی نہیں ہے کہ ایک مصرعے پر دبیر کا سارا مرثیہ نثار کر دیا جائے۔ اس میں شک نہیں کہ مطلع میں انیس نے بڑی معنویت بھر دی ہے لیکن مرثیے کے مقابلے میں ایک مصرعے کو تو نہیں رکھا جا سکتا۔

مسعود صاحب کچھ ایسے موڈ میں آ گئے تھے جس میں قدیم شعراء کسی کے اچھے شعر پر اپنا پورا دیوان نچھاور کر دیا کرتے تھے۔ ایسی روایت صائب سے لے کر غالب تک اکثر شاعروں کے بارے میں دہرائی گئی ہے۔

انھوں نے انیس کے مراثی، سلام، رباعیاں، خطوط، مناجات سب کو یکجا کیا۔ حیات سے تعلق جہاں جہاں مواد مل سکا۔ بڑی کاوش سے جمع کیا۔ اسلاف و اخلاف انیس پر بھی کام کرتے رہے۔ "اسلاف انیس" پر ان کی کتاب شائع ہو کر اربابِ نظر سے خراج تحسین لے چکی ہے۔ لیکن خود انیس کی زندگی پر وہ کوئی سیر حاصل یا تفصیلی کتاب نہ لکھ پائے۔ صرف روحِ انیس میں مختصر حالات ہیں۔ اس کے علاوہ انیس صدی کے تقریبات کے سلسلے میں انیس پر ایک مختصر رسالہ شائع کیا تھا۔ اس میں بھی کچھ حالات درج ہیں البتہ مختلف پہلوؤں پر کئی مضامین لکھے ہیں۔ حیات انیس پر ان کا وہ جمع کردہ مواد جو شائع

نہیں ہوا ہے وہ بہت ہے اور قابل قدر ہے۔ آخر عمر میں، میں نے کئی بار عرض کرنے کی جسارت کی، قبلہ یہ بکھرا ہوا مواد کسی طرح بھی سمیٹ دیجیے۔ نوک پلک بعد کے اڈیشنوں میں درست کرتے رہیے گا۔ لیکن میں یہ جانتا تھا کہ یہ ان کا طریقِ کار نہیں ہے اور اس پر ہرگز راضی نہ ہوں گے۔

مجھے یہ ڈر تھا (اور غلط نہیں تھا) کہ ان کے ذہن میں اتنا کچھ محفوظ ہے کہ اس کا سمیٹنا مشکل ہے۔ یہی ان کی مشکل تھی جیسے کہ یہی مشکل قاضی عبدالودود کی بھی ہے۔ ڈھلتی ہوئی عمر، گرتی ہوئی صحت، جواب دیتا ہوا حافظہ، گھٹتی ہوئی طاقت اور کام کرنے کی صلاحیت، یہ تو فطرت کے عطیاتِ پیری ہیں۔ یہ خواہشوں کے پھیلانے کا نہیں بلکہ کام کے سمیٹنے کا وقت ہوتا ہے۔ اتنا مسعود صاحب کو بھی معلوم تھا اور قاضی عبدالودود کو بھی معلوم ہے، لیکن سوال یہ اٹھتا ہے کہ یہ کام سمیٹے کیسے جائیں اور معاونِ کار کہاں سے ڈھونڈھے جائیں؟ آخر میں انسان یہ سوچ کر ہاتھ پاؤں ڈال دیتا ہے کہ

ع۔ فرصت کہاں کہ تیری تمنا کرے کوئی! مسعود صاحب پھر بھی ہمت والے تھے کہ انھوں نے قدما کی مرثیہ نگاری پر "علی گڑھ تاریخ ادب اردو" کے لیے ایک باب لکھا۔ پھر "تحریر" دلی میں نادر مواد شائع کرایا اور "اسلاف میر انیس" کی تکمیل کی۔ اب انیس پر انھوں نے جو کچھ لکھا ہے اسے یکجا کر دینے کا کام رہ جاتا ہے اور یقین ہے کہ نیّر مسعود اسے اوّلیت دے کر مکمل کریں گے۔

انیس کے سلسلے میں مسعود صاحب کا ایک اور کارنامہ مرزا انیس کی تکمیل ہے وہ نصف صدی سے اس کے پیچھے پڑے ہوئے تھے۔ اس کام میں ان کے رفیق دیرینہ علی عباس حسینی نے ان کا بہت کچھ ہاتھ بٹایا اور مزار و مکان انیس کی مرمت بڑی حد تک انھیں کی کوشش کی مرہونِ منت ہے۔

اس کے بعد انیس صدی منانے کا خیال بھی انھیں کو سب سے پہلے آیا اور کافی پہلے سے اس کام کی ابتدا کی۔ شروع میں لکھنؤ میں ایک کمیٹی بنائی گئی جس نے شدبد شروع کی۔ کل ہند پیمانے پر کام کرنا اس کمیٹی کے بس میں نہ تھا۔ خود مسعود صاحب عمر کی اس منزل میں تھے جب وہ صرف تجاویز پیش کر سکتے تھے یا طریق کار معین کر سکتے تھے۔ دوڑ دھوپ کرنا ان کے بس میں نہ تھا۔ دوڑ دھوپ ویسے بھی ان کے لیے نہیں بنائی گئی تھی۔ اس لیے دلی میں ایک کل ہند کمیٹی کی تشکیل کرنا پڑی۔ مسعود صاحب اس کے جنرل سکریٹری منتخب ہوئے۔ اس کمیٹی نے یہ فیصلہ کیا کہ انیس کے کلام کے صدی اڈیشن صحتِ متن کے ساتھ شائع کیے جائیں۔ یہ کام مسعود صاحب نے اپنے ذمہ لیا اور نائب حسین نقوی کو اپنا نائب تجویز کیا، صحت اور ان کے اپنے بکھرے ہوئے کاموں کو دیکھتے ہوئے ان کا یہ اصرار کہ وہ ہر ایک مسودہ خود دیکھیں گے اور تصحیح کریں گے ناممکن العمل معلوم ہوتا تھا۔ لیکن ان کی بزرگی، انیس سے ان کی وابستگی اور شیفتگی کو دیکھتے ہوئے کمیٹی نے ان کی خواہشات کے سامنے سر تسلیم خم کر دیا۔ ہوا وہی جس کا ڈر تھا۔ کام میں بے حد تاخیر ہونے لگی اور چلتی ہوئی گاڑی رکنے لگی، اس سلسلے میں وہ نائب حسین نقوی سے کچھ کبیدہ بھی ہو گئے اور یہ کشیدگی بالآخر کمیٹی ہی سے کبیدگی کی شکل اختیار کر گئی اور صحت کا عذر کر کے وہ کمیٹی سے الگ ہو گئے۔ اس کے باوجود کمیٹی سے ان کی دلچسپی باقی رہی۔

جب میں آخری بار ان سے ملا تو انھوں نے تدوین مراثی کے کام کی رفتار کے بارے میں سوالات کئے۔ اگرچہ یہ کام ان کی مرضی کے مطابق نہیں ہو رہا تھا پھر بھی اس بات سے خوش تھے کہ جیسا بھی ہو گا پچھلے متون کے مقابلے میں شاید یہ کام اچھا ہی ہو جائے گا۔ خدا کا شکر ہے کہ اب کام چل پڑا ہے۔ سلاموں اور رباعیوں کے مجموعے راقم الحروف نے مرتب کر دیے ہیں، کچھ نئے سلاموں اور رباعیوں کا سراغ نائب حسین

نقوی نے لگایا تھا۔ میں نے انھیں بھی شامل کرلیا ہے نائب حسین کو بیشتر سلام ریاست محمود آباد کے نادر ذخیرے سے جناب مہاراج کمار صاحب کی عنایت سے ملے تھے اور خود ریاست کو یہ سلام اخلاف انیس سے دستیاب ہوئے تھے۔ اس نئے مواد کی فراہمی کو انیس صدی کی دین سمجھنا چاہیے اور بالواسطہ اس کی فراہمی کا سہرا بھی مسعود صاحب ہی کے سر ہے۔

یہ نیا مواد سلام و رباعی تک ہی محدود نہیں ہے۔ بہت سے نئے مرثیے بھی دریافت ہوئے ہیں اور ان نوادرات مراثی کی ایک جلد الگ سے مرتب ہو رہی ہے۔ مطبوعہ مراثی کی ترتیب و تدوین کا کام صالحہ عابد حسین نے انجام دیا ہے۔ یہ کام بھی ابتدائی منزلوں میں مسعود صاحب کی رہبری میں انجام پایا تھا بعد میں اوروں نے بھی ہاتھ بٹایا اور بیگم صاحبہ نے تکمیل کی۔ بیگم صاحبہ ہی نے ناگری رسم الخط میں بھی مراثی انیس کی ایک جلد مراتب کرائی ہے۔ غیر مطبوعہ مراثی کی دریافت بیشتر نائب حسین نقوی کی کوششوں کا ثمرہ ہے۔ یہ کام تیزی سے تکمیل کی طرف بڑھ رہے ہیں اور بار بار یہ خیال ہوتا ہے کہ وہ حیات ہوتے تو ان کاموں کو دیکھ کر انھیں کتنی مسرت ہوتی۔

میں نے ابتدا میں اپنی شاگردی کا ذکر ذرارواداری میں کر دیا تھا۔ اس سلسلے کے چند قابل ذکر واقعات یاد آرہے ہیں۔ مجھے ان کی شاگردی کے صرف دو سال بی اے میں نصیب ہوئے۔ اس کی بھی صورت یہ تھی کہ وہ ہفتے میں صرف ایک دن فارسی جدید کا درس دیتے تھے۔ فارسی میں دو اور استاد تھے۔ سید یوسف حسین موسوی اور عبد القوی فانی لیکن ان کے درجوں سے میں اکثر غائب رہتا۔ یہ میری زندگی کا وہ دور تھا جب سیاست کے سوا مجھے کچھ سوجھتا ہی نہ تھا۔ فارسی کے درجے سے نہیں بلکہ فلسفے کے درجے سے بھی غیر حاضر ہو جاتا تھا۔ فلسفہ و فارسی دونوں ہی جماعتوں میں تھوڑے سے طالب

علم ہوتے تھے اور غائب ہو جانے والا فوراً پکڑ لیا جاتا تھا لیکن میری سیاسی سرگرمیوں کی بنا پر اکثر استاد رعایت کرتے اور کبھی کبھی غیر حاضری بخش دیا کرتے تھے۔ مجھے اس دور میں سرو پا کا ہوش نہیں تھا، حاضری والوں میں اگر میرا نمبر پہلا نہیں تو پانچ سواروں میں ضرور ہوتا تھا۔ اس وقت خود میں اور اسٹوڈینٹس فیڈریشن کے دوسرے ساتھی اساتذہ سے لے کر وائس چانسلر تک دوڑتے اور حاضری کی کمی کسی نہ کسی طرح پوری کرائی جاتی۔ کچھ اساتذۃ بھی مہربانی کر کے اس آڑے وقت میں حاضر بنا دیتے۔ لیکن مسعود صاحب کے یہاں یہ ناممکن تھا، بس اتنی رعایت ضرور کرتے کہ اگر دیر سے بھی آتا تو حاضر بنا دیتے اور یہ رعایت بھی صرف میرے لیے مخصوص نہ تھی۔ غرض یہ استادی اور شاگردی بھی دوریوں کا سلسلہ تھی جو چیز قریب لانے والی تھی وہ ادب سے دلچسپی تھی۔

شاگردی بھی دراصل کئی طرح کی ہوتی ہے، ایک تو درس لینے کی عادت کا نام شاگردی رکھا گیا ہے۔ یہ شاگردی دو برس کی قلیل مدت میں ختم ہو گئی اور چوں کہ ہفتے میں صرف ایک دن ان کے لکچر میں شریک ہوتا تھا، اس لیے یہ مدت تعطیلات وغیرہ کو نکال کر بارہ مہینوں میں تبدیل ہو جائے گی اور ان بارہ مہینوں میں بھی صرف ایک گھنٹے کی شاگردی، ظاہر ہے کہ یہ مدت بہت ہی قلیل تھی۔ لیکن دوسرے شاگردی کی مدت کافی طویل تھی، چالیس سال سے کچھ اوپر مسعود صاحب سے جتنا ادبی خلوص بڑھتا گیا ان کی شخصیت اسی قدر برافگندہ نقاب ہوتی گئی۔ مثلاً میں نے ان سے لفظوں کی پرکھ سیکھی۔ وہ ایک ایک لفظ تول کے لکھتے تھے۔ عبارت کو بار بار پڑھتے ہوئے ضرورت محسوس کرتے تو بار بار ترمیم کرتے۔ انھوں نے یہ سکھایا کہ قلم برداشتہ لکھ لینا ہی کمال نہیں بلکہ ناپ تول کے جانچ پرکھ کے لکھنا بھی کمال ہے۔ لکھنے سے پہلے موضوع کا مطالعہ ضروری ہے۔ جتنا ہی مطالعہ فروعی اور سرسری ہو گا عبارت اتنی ہی ناکافی اور ناصاف ہو گی۔ خیال جتنا ہی

آئینہ ہو گا، مواد کی صحت پر جتنا ہی خیال ہو گا تحریر میں اتنی ہی وضاحت ہو گی اور قطعیت بھی ہو گی۔

وہ اردو نثر کے صاحبان اسالیب میں سے ہیں۔ ان کا طرز تحریر قدما میں محمد حسین آزاد اور حالی دونوں سے بیک وقت متاثر ہے۔ حالی کا بیانیہ انداز اور رواں عبارت اور آزاد کی شگفتگی خطابت کو ملا کر مسعود صاحب نے ایک متوازن طرز اپنائی۔ خطابت کا پہلو بہت دبا ہوا اور دلائل کے سلسلوں سے مربوط ہے۔ شگفتگی ترتیب کلمات سے پیدا کرتے ہیں لیکن اس طرح کے عبارت آرائی کا گمان نہ ہو اور صداقت لہجہ مجروح نہ ہونے پائے۔ وہ جدید اردو نثر کی طرح جملوں کی شناخت تک میں مغربی اسالیب کی نقالی نہیں کرتے۔ وہ عربی فارسی الفاظ یا اساتذہ کی ترکیبیں مستعار لے کر اردو کے فطری حسن پر مصنوعی آرائشوں کا غازہ نہیں چڑھاتے، ان کا سنبھلا ہوا انداز بیان، شستہ اردو کا اچھا نمونہ ہے۔ ان کے استدلال میں متانت کے علاوہ وضاحت اور منطقی زور ہے۔ استدلال کو قوی تر بنانے کے لیے وہ تفصیل سے گریز نہیں کرتے۔ کوشش یہی ہوتی ہے کہ کوئی پہلو تشنہ نہ رہ جائے۔ اس کے باعث شاذ و نادر ان کے یہاں طول کا احساس بھی ہو سکتا ہے لیکن جب مقصد کی وکالت کرنا ہو تو طول سے بچنا ناممکن ہے۔ ادبی چاشنی ان کی ہر تحریر پر چھا جاتی ہے۔ چاہے اس چاشنی کی تہہ کتنی ہی ہلکی کیوں نہ ہو۔

ان سے انسان یہ بھی سیکھ سکتا ہے کہ ادب اور تحقیق میں کوئی حرف آخر نہیں ہے۔ ادیب کے ذہن کے دریچوں کو ہمیشہ کھلا رہنا چاہیے کہ تازہ ہوا اور روشنی برابر آتی رہے۔ جنھوں نے ان کی تصنیف "ہماری شاعری" کے مختلف اڈیشن دیکھے ہیں وہ محسوس کریں گے کہ کس طرح برابر اضافے کرتے رہے ہیں اور قابل ترمیم اجزا میں تغیر و تفکیک۔ مضامین میں بھی یہی عمل جاری رہتا۔ پہلے کے شائع شدہ مضامین جب بعد میں کتابی

صورت میں آتے تو جگہ جگہ سے پیوند کاری ہو چکی ہوتی۔ قاری کے ساتھ یہ دیانت دارانہ رویہ زندہ رہنے والے ادیب کی پہچان ہے اور انھوں نے یہ دیانت دارانہ رویہ کبھی ترک نہیں کیا۔

وہ محقق کے لیے یہ ضروری سمجھتے تھے کہ متقدمین سے بھرپور استفادہ کرے، ان کی عزت کرے لیکن ان سے بے جا طور پر مرعوب نہ ہو۔ اس لیے انھوں نے بعض نزاعی ہستیوں کو اپنی تحقیق کا میدان قرار دیا۔ ان میں محمد حسین آزاد بھی شامل تھے اور واجد علی شاہ بھی۔ ان کا طریق کار یہ تھا کہ وہ اپنے موضوع اور حسن تحقیق کی طرف ہمدردی سے متوجہ ہوتے۔ غلطیاں گنانے سے پہلے یہ مان کر چلتے کہ غلطیاں کس سے نہیں ہوتی۔ نہ وہ ادیب و شاعر کو فرشتہ مانتے تھے نہ بادشاہ کو۔ انھوں نے واجد علی شاہ اور محمد حسین آزاد کے ناقدین کو پڑھا تھا۔ لیکن یہ محسوس کرتے تھے کہ ان دونوں کے ساتھ انصاف نہیں ہوا ہے۔

"آب حیات کا تنقیدی مطالعہ" مختصر ہونے کے باوجود بہت ہی جچا تُلا مطالعہ ہے اور مسعود صاحب نے وکالت کا حق ادا کر دیا ہے۔ بعض اصحاب نے یہ فضا پیدا کرنا چاہی تھی کہ "آبِ حیات" کا مصنف حقائق سے کھیلتا ہے بلکہ حقائق تصنیف کرتا ہے اور اس اعتبار سے اس کا لکھا ہوا سراسر پایہ اعتبار سے ساقط ہے۔ اس غیر معتدل رویے کو دیکھ کر غیر محقق ادیبوں نے غریب آزاد کو بُری طرح نشانہ ملامت بنانا شروع کیا۔ مسعود صاحب نے "آب حیات" کا تنقیدی مطالعہ لکھ کر اس غلطی پر ہم کو ٹوکا۔ پروفیسر محمود شیرانی جیسے صاحب نظر محقق نے بھی اس قسم کی بے اعتدالیوں کی نشاندہی کی۔ اب آزاد کی طرف تنقید کا رُخ اتنا معاندانہ نہیں رہ گیا ہے۔

واجد علی شاہ کو فرشتہ کون کہے گا؟ وہ اپنے بعض گناہوں کے اقراری مجرم ہیں لیکن

ایسا نہیں ہے کہ وہ سرتاپا گناہ تھے یا وہ رنگ رلیوں ہی کے بادشاہ تھے اور رقص و سرود و عیش کے علاوہ کچھ اور جانتے ہی نہ تھے۔ یہ صورت تو انگریزوں نے اس لیے بنائی کہ غصب سلطنت اور بربادی اودھ کا جواز نکال سکیں۔ مولوی نجم الغنی (جن کا وابستۂ سرکار انگلشیہ ہونا ڈھکی چھپی بات نہیں ہے) جو کچھ لکھتے ہیں اس پر اکثر افراط و تفریط کی چھاپ ہوتی ہے۔ کچھ تو بات تھی کہ واجد علی شاہ کی معزولی پر عوام نے آنسو بہائے، واجد علی شاہ فنونِ لطیفہ کے بہت بڑے سرپرست تھے، وہ خود بھی نثار و شاعر تھے، ان میں مذہبیت کی طرف میلان کے باوجود سیکولرزم کا جذبۂ حساس تھا۔ وہ فنون حرب کا بھی شعور رکھتے تھے لیکن سازشوں کا شکار تھے اور توہمات میں مبتلا۔ مجموعی طور پر جو تصویر ابھرتی ہے وہ اتنی بُری نہیں ہے۔ جو بعض رنگ آمیز پیش کرنا چاہتے ہیں۔ اگر انھیں کوئی اخلاق عالیہ کا نمونہ بناکر پیش کرنا چاہے تو غلط ہو گا۔ لیکن اگر انھیں کوئی سرتاپا قابل نفرت خصائص کا مجموعہ قرار دے تو وہ اور بھی غلط ہو گا۔ مسعود صاحب نے واجد علی شاہ کے اچھے پہلوؤں پر اپنی تحقیق کا رخ موڑا۔ اس ہمدرانہ مطالعے سے بہت سے وہ حقائق سامنے آئے جن سے لوگ عام طور پر واقف نہ تھے۔ برائیوں کا بڑا انبار پہلے ہی لگایا جاچکا ہے۔ اس کو مسعود صاحب نے نہیں چھوا، بظاہر یہ غیر متوازن تحقیق سمجھی جائے گی لیکن مسعود صاحب کا جواز یہ تھا کہ وہ پہلے کی غیر متوازن تحقیق میں توازن پیدا کرنے کی کوشش کر رہے ہیں۔

دیوانِ فائز دہلوی کی تلاش اور اسکی تدوین و اشاعت مسعود صاحب کا ایک اور یہ کارنامہ ہے۔ شمال ہند میں اس سے پہلے کوئی اور صاحب دیوان شاعر ابھی تک تلاش نہیں کیا جاسکا ہے۔ صرف اولیت ہی نہیں بلکہ مواد کے اعتبار سے بھی یہ دیوان بہت اہم ہے اور جو لوگ بے سمجھے بوجھے، لکھنؤ اسکول اور دلّی اسکول، کی باتیں کرتے رہتے ہیں ان کی

رہنمائی کے لیے بھی ایک اہم دستاویز ہے۔ یہی حال "فیض میر"، "مجالس رنگیں" اور "فسانہ عبرت" اور "تذکرہ نادر" اور "تذکرہ مبتلا" کا بھی ہے۔ انھوں نے ہر قدیم تصنیف کی بازیابی میں ہمیں ایک اچھوتا تحفہ دیا ہے۔ ہزاروں ہی کتابیں ان کی نظر سے گزری ہوں گی لیکن انھوں نے اشاعت کے لیے انتخاب میں بڑی احتیاط سے کام لیا ہے۔

مسعود صاحب سے میں نے یہ بھی سیکھا کہ اپنی رائے دوسروں پر لادنا نہیں چاہیے۔ ان سے جب بھی بات ہوتی تو وہ اپنا نقطہ نظر بڑی وضاحت سے پیش کرتے، دلیلیں دیتے، جوابات دیتے لیکن دوسرے کی بات سننے کو بھی تیار رہتے۔ مسعود صاحب پر دوسروں نے بہت کچھ لکھا ہے۔ ان کی تنقیدیں بھی ہوئی ہیں خود میں نے زمانہ طالب علمی ہی میں ایک بار ان سے اختلاف رائے کیا۔ اس پر مجھے مولانا تلہری اور حسینی صاحب دونوں نے ٹوکا کہ تمھیں پہلے ان سے رجوع کر کے شبہات کا ازالہ کر لینا چاہیے تھا۔ میں نے عرض کیا کہ جب کتاب چھپ گئی یا مضمون شائع ہو گیا تو وہ سب کی ملکیت ہو گیا اور یارانِ نکتہ داں کے لیے صلائے عام، اب ہر شخص اظہار خیال میں آزاد ہے۔ خود مسعود صاحب نے اس بارے میں ایک لفظ بھی زبان سے نہ نکالا، اگرچہ مضمون اس وقت شائع ہوا جب وہ میرے استاد ہو چکے تھے۔ ان کی شاگردی اختیار کرنے کے بعد بھی میں نے "زمانہ" کان پور میں ایک مضمون لکھا جس میں دبے لفظوں میں کہیں مسعود صاحب کے بعض خیالات پر ایراد تھا۔ علامہ تلہری کی اچوک نظر اس حصے تک آ کر رک گئی۔ انھوں نے کہا کہ حق استادی اس کا متقاضی نہ تھا۔ میں نے جواب دیا کہ جب شاگرد بیا قلم سنبھال لے تو کچھ حق شاگردی بھی ہو جاتا ہے۔ مجھے یقین تھا کہ مسعود صاحب تحقیق کے آدمی ہیں۔ برا نہ مانیں گے اور اگر بُرا بھی مانا تو مجھے کبھی محسوس نہ ہونے دیں گے۔ ہوا بھی ایسا ہی۔ وہ ہمیشہ اسی شفقت و محبت سے ملتے رہے۔ اکثر خط لکھتے اور مجھے "عزیز گرامی قدر"

کہہ کر مخاطب کرتے۔ ادب کے پردوں سے بھی ایسے انسان روز نہیں نکلتے۔

وہ سب کام نپے تلے انداز میں کرتے تھے۔ وہ شیروانی، علی گڑھ کٹ کا پاجامہ، سر پر کبھی بالدار اور کبھی کشتی نما ٹوپی پہنتے تھے۔ گھر پر صرف کُرتے اور پاجامے میں رہتے اور اسی لباس میں عملاً ملتے بھی تھے۔ کبھی کبھی سوٹ بھی پہن لیا کرتے تھے۔ لیکن میں نے انھیں انگریزی ٹوپی پہنے ہوئے کبھی نہیں دیکھا اس کے برعکس انگریزی سوٹ پر مشرقی ٹوپی ضرور دیکھی ہے۔ مقدرت کے باوجود کار کبھی نہیں رکھی۔ تانگہ رکھتے تھے جس میں جُتے ہوئے گھوڑے کی باگ ڈور ان کے بھائی آفاق کے ہاتھ میں رہتی تھی۔ بعد میں اس تانگے سے بھی نجات پالی۔

قد لانبا اور بدن گداز تھا۔ داڑھی منڈاتے اور مونچھیں چھوٹی رکھتے تھے لیکن کبھی نیچی نہ ہونے دیتے تھے۔ میں نے "آپ سے ملئے" سلسلہ مضامین میں جو بعد میں کتابی شکل میں بھی شائع ہوگئے، ان پر بھی ایک مضمون لکھا۔ اس میں مونچھوں کے بارے میں میرے قلم سے یہ نکل گیا کہ وہ تتلی مارکہ مونچھیں رکھتے ہیں۔ اشاعت کے بعد ایک روز مولانا اختر علی نے اس مضمون کا ذکر چھیڑا۔ مسعود صاحب کہنے لگے کہ لکھا تو اچھا ہے لیکن سچ سچ بتایئے کیا آپ کو بھی میری مونچھیں "تتلی مارکہ" لگتی ہیں؟ اختر علی صاحب نے نفی میں سر ہلایا تو مسعود صاحب خاموش ہوگئے۔ بعد میں اختر علی صاحب نے مجھے بتایا کہ مونچھوں کی توصیف مسعود صاحب کو پسند نہ آئی۔ کمان سے چھوٹے ہوئے تیر کی طرح فقرہ قلم سے نکل چکا تھا۔ اب تو آئندہ اشاعت ہی میں ترمیم ممکن تھی۔ اس کی نوبت ان کی زندگی میں نہ آسکی۔ میں نے اس موضوع پر ان سے کچھ کہنا مناسب نہ سمجھا اور خود مسعود صاحب نے اشارتاً اور کنایتاً اس کا ذکر نہیں کیا۔

مسعود صاحب حسینی اور تلہری کے دوست تھے، لیکن ان تینوں کے مابین احترام

بھری دوستی تھی، تو کو کون کہے کبھی 'آپ' سے 'تم' تک گفتگو نہ پہنچ پائی۔ آپس میں مزاح المومنین بھی ہوتا، سنجیدہ جملے بھی چست ہوتے لیکن لنگوٹیا یار والی کیفیت کبھی پیدا نہ ہو پاتی۔ حسینی اور تلہری مسعود صاحب کو ایک سینئر ادیب تو نہیں مانتے تھے کیوں کہ سنوں میں تفاوت بہت کم تھا لیکن ان کی عزت کرتے تھے اور ان کی برائی کیا، تنقید بھی سننے کو آمادہ نہ ہوتے تھے۔ یہ پرانے اقدار کے پرستار، اس کو بھی شان دوستی کے خلاف جانتے تھے، یہی وجہ ہے کہ دونوں موقعوں پر جب میں نے کچھ لکھا، تو میں ٹوکا گیا۔ لیکن حسینی اور تلہری کے برعکس مسعود صاحب نے دوستی، ادب، قومی کا جم سب کے الگ خانے سے بنا رکھے تھے۔ اور وہ کسی ایک شعبے کی دوسرے شعبے میں مداخلت گوارا نہیں کرتے تھے۔

جب میں نے دہلی مرثیہ گویوں پر "آندھرا پردیش" میں ایک مختصر سا مضمون لکھا تو بہت خوش ہوئے اور میری تلاش کی داد دی۔ پھر اپنے یہاں بعض قدیم مخطوطات کی نشاندہی کی۔ میں وہاں حاضر ہوا تو مجھے نادر بیاضیں دکھائیں، ہاشم اور کرم علی کے مراثی کی زیارت کرائی۔ کہنے لگے کہ "میرے پاس مسکین کے مراثی کا بڑا ذخیرہ ہے۔ پھر میں نے نوٹ لینا چاہے۔ فرمایا کہ آپ شوق سے نوٹ لیں لیکن یہ میری زندگی بھر کی تلاش کا نتیجہ ہیں اس لیے ان پر پہلے میں لکھوں گا"۔ یہ ان کی صاف گوئی مجھے پسند آئی۔ پھر میری معلومات میں یہ اضافہ کیا کہ اسی طرح مراثی میر اور بعض دوسرے مراثی پہلے میں نے تلاش کیے لیکن دوسروں نے ان پر مجھ سے پہلے لکھ ڈالا اور لطف یہ کہ وہ مراثی انھیں میں نے ہی دیے تھے۔ میں نے اظہار ہمدردی کرتے ہوئے کہا کہ "آپ تحقیق میں لگ جاتے ہیں اور دوسرے کات کے لئے دوڑتے ہیں"۔ مسکرا کر خاموش ہو رہے۔ غرض اس مسئلے میں مسعود صاحب کے نزدیک دوستی ادب پر حاوی نہیں ہو سکتی تھی۔

قومی کاموں میں بھی صورت حال یہی تھی۔ انیس کمیٹی بنائی گئی خود خزانچی اور علی عباس حسینی سکریٹری بنے۔ مسعود صاحب گوشہ نشین اور علی عباس حسنی بے حد فعال۔ انھوں نے دوڑ دھوپ کر پچیس تیس ہزار کی رقم مہیا کرلی۔ اس میں معتد بہ حصہ حکومت ہند کی امداد کا تھا۔ پھر کام شروع ہوا۔ حسینی صاحب نے یہ فرض کرنے میں غلطی کی تھی کہ مسعود صاحب تعمیر کے کام میں مداخلت نہ کریں گے۔ اس سلسلے میں تفصیلات کا علم نہیں کہ کیا ہوا لیکن اتنا معلوم ہے کہ حسینی صاحب نے سکریٹری شپ سے بد دل ہو کر استعفیٰ دے دیا۔

کتابوں کا بہترین ذخیرہ مسعود صاحب کے ذاتی کتب خانے میں تھا۔ گھر پر اگر کوئی آتا تو وہ اس کی اجازت دے دیتے کہ وہیں بیٹھ کر دیکھ لے، لیکن وہ کسی کو بھی کتاب عاریت نہیں دیتے تھے۔ اس میں اندرونی اور بیرونی کی بھی تفریق نہیں تھی۔ ایک بار مجھ سے ان کے داماد مسیح الزماں مرحوم نے بھی دبے لفظوں میں تقریباً شکایت آمیز لہجے میں اس کی تصدیق کی۔ اپنی کئی نادر کتابیں کھو دینے کے بعد میں اس نتیجے پر پہنچا ہوں کہ تکلف بر طرف، کتابیں عاریت دینا کوئی بہت بڑی خدمت نہیں ہے۔ مالک رام صاحب کا معاملہ اس کے برعکس ہے۔ اگر کسی نے دیانت کا ثبوت بہم پہنچا دیا اور وہ کتابوں سے صحیح کام لینے کے قابل بھی ہوا تو وہ بے پس و پیش کتاب دے دیتے ہیں۔ میں نے ان کے ذخیرے سے اکثر استفادہ کیا ہے۔

مسعود صاحب کا شمار ثقہ لوگوں میں تھا۔ وہ اوامر و نواہی پر سختی سے عامل رہا کئے ہیں۔ روزوں کا حال معلوم نہیں لیکن نمازیں پابندی سے پڑھتے تھے۔ جوانی کے زمانے میں انھوں نے ڈرامے بھی دیکھے ہیں۔ جوانی جوانی ہی ہوتی ہے۔ انھیں ابتدا سے ڈراموں سے شغف تھا اور یہ شغف بالآخر ان کی اس تصنیف کا سبب بنا جس پر انھیں ساہتیہ اکادمی

سے انعام ملا۔ یہ تصنیف دراصل دو تصانیف "لکھنؤ کا شاہی اسٹیج" اور "لکھنؤ کا عوامی اسٹیج" کا مجموعہ ہے۔ اس میں شک نہیں کہ اس موضوع پر مسعود صاحب نے جی کھول کر داد تحقیق دی ہے۔

مسعود صاحب نے ایسے تو فائز اور میر جیسے قدما پر بھی لکھا ہے لیکن اگر بحیثیت مجموعی دیکھیے تو نوابین اودھ کا آخری دور اور لکھنؤ ہی بیشتر ان کے تصانیف اور تحقیقات کا محور رہے ہیں۔ یہ طریق کار مناسب بھی ہے۔ اگر کسی زمانے یا خاص علاقے کو تحقیق کے لیے چنا جائے تو اس پر سیر حاصل اور ہشت پہلو کام ہو سکتا ہے۔ اگر توجہ چہار جانب ہو گی تو ہر طرف تشنگی کا احساس ہوتا رہے گا۔ انھوں نے وقت اور ماحول منتخب کر لیا اور ایک خط مستقیم پر چلتے رہے۔ اس خط سے پھوٹنے والی تمام شاخوں پر بھی نظر رکھی اور اس سے ایک تنوع پیدا ہوا، ورنہ کہاں مرثیہ اور کہاں اسٹیج؟

اردو میں تحقیق کے لیے اتنے گوشے پڑے ہوئے ہیں کہ جس طرف بھی نظر اٹھائی جاتی ہے وہاں کچھ نہ کچھ ضرور مل جاتا ہے اور اسی لیے بیک وقت کئی طرف متوجہ ہونا ممکن ہو جاتا ہے۔ ہمارے یہاں قاضی عبدالودود کی مثال سامنے ہے۔ اگرچہ غالبیات اور ستواتیات پر انھوں نے زیادہ توجہ کی لیکن وہ جس طرف بھی جھک جاتے ہیں وسعت مطالعہ کے بل بوتے پر وہاں سے کچھ نہ کچھ نکال ہی لیتے ہیں۔ اس وسعت کی وجہ سے انھوں نے اب تک جو کچھ کیا ہے اس کا سمیٹنا ناممکن ہو رہا ہے۔ مسعود صاحب نے کاروبار شوق کو اتنا پھیلایا نہیں تھا، پھر بھی انھوں نے انیس اور واجد علی شاہ پر اتنا مواد یکجا کر لیا تھا کہ اسی کا سمیٹنا ان کے لیے مشکل ہو گیا تھا۔ یہ صدمہ شاید مسعود صاحب کو آخر وقت تک رہا ہو۔

انگریزوں کے زمانہ حکومت کی یونیورسٹیوں میں اردو اور فارسی ہی کیا ہندی

سنسکرت اور عربی بھی دوسرے درجے کے مضامین سمجھے جاتے تھے اور ان کے پڑھانے والے عام ذہنوں میں دوسرے درجے کے استاد شمار ہوتے تھے۔ مگر مسعود صاحب کا رکھ رکھاؤ ایسا تھا کہ وہ جس طرف بھی جاتے ان کی عزت دوسروں ہی کی طرح بلکہ بعض اوقات دوسروں سے بھی زیادہ ہوتی تھی۔ وائس چانسلر، رجسٹرار اور خزانچی (مدتوں چندر بھان گپتا خزانچی رہے) بھی اہم امور میں ان سے مشورے لیتے تھے۔ سال کے شروع میں داخلے کے بعد فیس کی معافی کی دوڑ دھوپ شروع ہوتی۔ اردو شعبہ کے ایک ریڈر ڈاکٹر سید محمد حسین صاحب ہر طالب علم کی درخواست پر سفارش کر دیا کرتے، چاہے وہ کسی شعبے کا طالب علم کیوں نہ ہو۔ ہندی اور سنسکرت کے طلبا بھی اپنے استادوں سے مایوس ہو کر ان سے سفارش کرالے جاتے تھے لیکن مسعود صاحب سفارش ہی نہ کرتے۔ نتیجہ یہ تھا کہ محمد حسین صاحب کی سفارش تو سفارش ہی نہ سمجھی جاتی تھی اور مسعود صاحب کی سفارش والے عام طور سے مستحق وظیفہ قرار پاتے تھے۔

مسعود صاحب کو بہت سے اچھے شاگرد ملے جنھوں نے اردو ادب کی دنیا میں خود اپنے لئے ایک جگہ بنالی۔ مسعود صاحب کو اس سے بڑی خوشی ہوتی کہ ان کے شاگرد مفید ادبی خدمتیں انجام دے رہے ہیں۔ وہ ان کی تحریروں پر نظر رکھتے اور کبھی کبھی مشورے بھی دیا کرتے تھے۔ ہمت افزائی بھی کرتے تھے۔ ان کے صاحب زادے ہندوستان و پاکستان کی دو یونیورسٹیوں میں ان کی ادبی جانشینی کر رہے ہیں۔ ان میں نیّر مسعود سے خصوصیت کے ساتھ بڑی امیدیں وابستہ ہیں۔ سب سے بڑا کام فوری طور پر یہ ہے کہ ان کے تحقیقی مضامین اور غیر مرتب مواد کو ترتیب کے ساتھ شائع کر دیا جائے۔

تنقید میں مسعود صاحب کا خاص مقام ہے۔ لیکن تحقیق میں اس کا مقام یقیناً بلند تر ہے۔ وہ اچھے شہری اور اچھے انسان تھے، بڑے وضعدار، کشادہ نظر، کم آمیز وسیع الخیال،

محتاط، متدین۔ نثر کے رسیا تو تھے ہی، لیکن ابتدا میں شاعری بھی کی تھی اور ان کے نام کے ساتھ ادیب کا اضافہ اسی دور کا یادگار تھا۔ ان کے بعض ابتدائی اشعار میں نے انھیں سے سنے تھے اور دو ایک "آپ سے ملیے" میں محفوظ بھی کر دیئے تھے۔ غالباً جوانی میں انھیں سوز خوانی سے بھی شغف تھا اور کبھی کبھی خلوت میں شعر گنگنایا بھی کرتے تھے۔ رنگا رنگی میں یک رنگی ہی ان کی زندگی کا طرّہ امتیاز تھی اور اسے مدتوں آنکھیں ڈھونڈتی رہیں گی۔

***

بانی: نو آدمیوں کا آدمی

مجتبیٰ حسین

بانی کے بارے میں میرے خاکہ جولیس سیزر کی نعش کے آگے مارک انطونیؔ کی اس تقریر کی طرح نہ لیا جائے جس میں ہر تھوڑی دیر بعد یہ جملہ آتا ہے:

YET BRUTUS IS AN HONOURABLE MAN

بانی کو میں نے جس طرح اور جس حد تک دیکھا، پایا اور سنا ہے وہ سب کچھ اس خاکے میں ہے۔ ایک بانی وہ جو بانی ہے، دوسرا بانی وہ جو منجندہ ہے۔

بانی جس کے مکمل "میں" میں پوری نو شخصیتیں بیٹھی ہوئی ہیں اور ایک بانی وہ جو آپ اپنا تذبذب اور خود اپنا فیصل ہے (یہاں یہ وضاحت کرتا چلوں کہ بانی نے اپنے مجموعۂ کلام کے آخر میں "میرا مکمل میں" کے عنوان کے تحت اپنے "میں" میں نو شخصیتوں کو یوں شامل کیا ہے جیسے اکبر نے اپنے درباریوں میں نورتنوں کو جمع کیا تھا۔ مگر اب زمانہ جمہوریت کا آگیا ہے۔ لہٰذا یہ کہنا مشکل ہے کہ یہ نورتن بانی کے دربار کے ہیں یا بانی ہی ان نورتنوں کے دربار کے واحد رتن ہیں)

بانی جو ایک روبہ زوال زبان میں ترقی کر رہا ہے۔

بانی جو دو چھڑیوں کے سہارے کے بغیر چند قدم نہیں چل سکتا اور بانی جسے اندھی اڑانوں کا شوق ہے۔

بانی جو دوسروں کی زبانی اپنی تعریف سن کر مطمئن نہیں ہو جاتا بلکہ خود اپنی تعریف کر کے خوش ہوتا ہے۔

نظر میں، آئینہ میں، سماعت میں، صدا میں

بانی جو زندگی سے لڑتا ہے، بانی جو زندگی سے سمجھوتہ کرتا ہے۔

بانی جو پھیلنے پر آئے تو اپنے مخلص دوست راج نارائن رازؔ کے نام کا آسان فارسی ترجمہ "دم گفتگو صد سخن معتبر راز" کر ڈالے اور بانی جو سمٹنے پر آئے تو خود اپنا ترجمہ یوں کرے۔

کبھی ایک پل بھی نہ سانس لی کھل کے ہم نے بانی

رہا عمر بھر بس کہ جسم و جاں میں عذاب سا کچھ

بانی جسے ادب میں مقام مل چکا ہے۔ بانی جسے ادب میں مقام چاہیے۔

بانی جو زندگی کے حساب کے معاملہ میں اپنے مہاجنی خدوخال کے باوجود کچا ہے مگر رنگوں کا حساب ضرور مانگتا ہے۔

بانی جو دوستوں پر مرمٹتا ہے۔ بانی جو دوستوں سے نفرت کرتا ہے۔

یہ قصہ اسی بانی کا ہے اور میں اس قصہ کو ذرا پہلے سے شروع کرنا چاہتا ہوں۔

دس گیارہ سال ادھر کی بات ہے۔ میرے اور بانی کی مشترک دوست کیلاشؔ ماہر کسی سرکاری کام کی آڑ میں حیدر آباد آئے اور تین چار مہینے تک وہیں کے ہو رہے ان کا ایک ناپسندیدہ معمول یہ تھا کہ مجھ سے ہر روز ملتے تھے۔ دوسرا ناپسندیدہ معمول یہ تھا کہ ہر شام شراب پیتے تھے۔ تیسرا معمول یہ ہوا کرتا تھا کہ جیسے ہی دو پیگ پی لیتے انہیں اچانک بانی کی نہیں بلکہ "بانی ایم اے" کی یاد آجاتی تھی اور کہتے "بھئی لو تمہیں بانی۔ ایم۔ اے کے کچھ شعر سنائیں تم بھی کیا یاد کرو گے۔" چوتھے پیگ تک وہ لگاتار بانی کے شعر

سنایا کرتے تھے اور ان شعروں پر اپنا ہی سر کچھ اس زور سے دھنتے تھے کہ بار کے بیرے تک بانی کے شعروں کے وسیلے سے ان میں دلچسپی لینے لگتے تھے۔ چوتھے پیگ کے بعد ان میں کچھ ایسی دیدہ دلیری پیدا ہو جاتی تھی کہ اپنے شعر سنانے پر اتر آتے تھے۔ یہ افراتفری پانچویں پیگ تک باقی رہتی تھی۔ اس کے بعد ساغر کو مرے ہاتھ سے لینا کہ چلا میں والا معاملہ درپیش آتا تھا کیونکہ اس کے بعد وہ میرؔ، غالب، مومنؔ، ذوقؔ، اور نہ جانے کن کن شعرا کے اشعار سنانے لگتے تھے۔ میں ان کے پانچویں پیگ والے شعروں پر داد دیتا تو نہایت مودبانہ انداز میں سلام کر کے داد وصول کر لیا کرتے تھے۔ پھر فلیش بیک کے طور پر انہیں اچانک بانی کی یاد آجاتی تھی اور وہ چلا کر کہتے "بانی ہائے بانی" چونکہ اس نعرہ میں ایم۔ اے شامل نہیں ہوتا تھا اس لیے بار کے بیرے "بانی" کے گلاس لے کر ان کے پاس پہنچ جاتے تھے۔ ہر شام کا ڈراپ سین یہی ہوتا تھا۔

البتہ ان کا آخری معمول یہ ہوتا تھا کہ بچھڑنے سے پہلے مجھ سے ضرور پوچھتے "کیا تم نے بانی ایم اے کو پڑھا ہے؟" اور میں کہتا "نہ میں نے بانی کو پڑھا ہے اور نہ ایم اے تک پڑھا ہے۔"

اس پر وہ کہتے "تم ایک بار بانی ایم اے کو ضرور پڑھو پھر تمہیں ایم اے تک نہ پڑھنے کا ملال نہیں رہے گا۔"

بانی سے یہ میرا پہلا بالواسطہ تعارف تھا۔ بانی اور بانی کے کلام کے بارے میں کیلاش ماہر نے کچھ ایسی "تبلیغی فضا" قائم کر رکھی تھی کہ فطری طور پر بانی کا کلام پڑھتے ہوئے ڈر ہوتا تھا۔ پھر جو ادیب اور شاعر اپنے نام کے ساتھ اپنی تعلیمی قابلیت بھی بالالتزام لکھتے ہیں۔ ان کی چیزیں پڑھنے کو یوں بھی جی نہیں چاہتا۔ یوں لگتا ہے جیسے آپ کسی نصابی کتاب کا سبق پڑھ رہے ہوں۔ مجھے اس وقت ایک واقعہ یاد آگیا۔ چھ سات سال پہلے جب

سلیمان ادیب کا انتقال ہوا تو ہم ان کی آخری رسومات کے سلسلہ میں قبرستان گئے۔ تدفین میں ابھی کچھ دیر تھی تو ہم لوگ اس شہر خموشاں کی قبروں کا معائنہ کرنے لگے۔ ایک قبر پر قبر کے مکین کا نام لکھا تھا اور اس کے آگے مرحوم کی تعلیمی قابلیت کچھ اس طرح لکھی تھی۔ ایم اے (علیگ) ڈی لٹ (آکسفورڈ) باریٹ لا (کیمبرج) اس کتبہ کو دیکھ کر میرے ایک دوست نے کہا تھا" بھئی بھاگو یہاں سے یہاں تو علم کا خزانہ دفن ہے۔" اور میں سچ مچ وہاں سے بھاگ گیا تھا۔ زندوں کی تعلیمی قابلیت کو تو چھوڑیئے مجھے تو مردوں کی تعلیمی قابلیت سے بھی الجھن سی ہوتی ہے۔ یوں جی دیکھنے میں آیا ہے کہ شاعر بہت زیادہ پڑھا لکھا ہو تو اچھے شعر کہنے کی اہلیت نہیں رکھتا۔ پڑھا لکھا آدمی تو کوئی بھی شریفانہ کام کر سکتا ہے شاعری کیوں کرے؟ ویسے اب تو بانی نے اپنے نام کے آگے ایم اے لکھنا ترک کر دیا ہے مگر کچھ برس پہلے تک وہ لوگوں کو اپنی شاعری کے علاوہ اپنی تعلیمی قابلیت سے بھی دھمکاتے تھے۔

نومبر ۱۹۷۲ میں جب میں دہلی آیا تو اس وقت تک میں نے ڈرتے ڈرتے بانی کا تھوڑا بہت کلام پڑھ لیا تھا۔ اور آج سر بزم اس راز کا افشا کرتا چلوں کہ مجھے ان کا کلام بے حد پسند آیا تھا۔ دل میں اندیشہ تھا۔ کہ بانی سے کہیں نہ کہیں کسی نہ کسی موڑ پر ضرور ملاقات ہو گئی۔ لہٰذا سوچا کہ ان کا مزید کلام پڑھ لینا چاہیے۔ اگر وہ اپنی شاعری کے بارے میں کبھی کوئی سوال پوچھ بیٹھیں، اور میں معقول سا جواب نہ دے سکوں تو سبکی ہو گی یوں بھی دور اندیش آدمی خطرہ کو پہلے ہی بھانپ لیتا ہے، میں بانی کے کچھ شعر یاد کر کے اور ان کے کلام کے بارے میں اپنی رائے پر مبنی چند جملے تراش کر دلّی میں بلا خوف و خطر گھومتا رہا کہ بانی اب جہاں چاہیں ملیں وہ مجھے یوں غفلت میں نہ پائیں گے۔ مگر ایک دن کسی نے بتایا کہ بانی ان دنوں موت اور زیست کی کشمکش میں مبتلا ہیں اور اسپتال میں زیر علاج ہیں۔ مجھے بڑا

دکھ ہوا کہ میں نے امتحان کی طرح جو تیاری کی تھی وہ سب کی سب اکارت گئی۔ میں نے یہ تک نہیں پوچھا کہ وہ کس بیماری میں مبتلا ہیں۔ کب سے بیمار ہیں کیوں بیمار ہیں اور کب تک بیمار رہیں گے۔ شاعروں کی بیماری کے بارے میں یوں بھی کچھ نہیں پوچھنا چاہیے کیونکہ ہمارے ملک میں شاعر جب بھی بیمار ہوتا ہے کسی مہلک بیماری ہی میں مبتلا ہوتا ہے۔ بانی کے اکثر دوست قبرستان کی عیادت کو جاتے بلکہ بعض دوست تو انہیں دیکھنے کے لیے یوں خوشی خوشی جاتے جیسے بانی کو دیکھنے نہ جارہے ہوں کوئی فلم دیکھنے جارہے ہوں۔ غرض بانی چار پانچ مہینوں تک ہسپتال میں زبردست "رش" لیتے رہے مگر میں انہیں دیکھنے نہیں گیا۔ آدمی کتنا خود غرض اور زندگی کتنی ظالم چیز ہے۔

پھر بہت عرصہ بعد ماولنکر ہال میں ریڈیو کے ایک مشاعرہ میں انہیں جناب "دم گفتگو صد سخن معتبر راز" نے میرا تعارف بانی سے کرایا۔ بانی انہی دنوں ہسپتال سے چھوٹ کر آئے تھے۔ نقاہت کے باوجود بڑی گرم جوشی سے ملے پھر شکایت کی "بھئی ہم ہسپتال میں مہینوں تک موت سے لڑتے رہے مگر تم نے خبر تک نہ لی حالانکہ تمہیں دلّی آئے ہوئے تو کئی مہینے بیت گئے۔"

بانی شکایت کرتے رہے اور میں نظر جھکائے بانی کے کلام کے بارے میں ان جملوں کو یاد کرنے کی ناکام کوشش کرتا رہا جو میں نے کبھی حفظ کر رکھے تھے۔ خدا دشمن کو بھی کمزور حافظہ نہ دے۔

بانی ان دنوں چھوٹی بحر کا مصرع بن گئے تھے۔ ہاتھ میں ایک چھڑی بھی آگئی تھی جو اس مصرع کو وزن سے گرنے نہیں دیتی تھی۔ چھڑی کیا تھی اچھی خاصی ضرورت شعری تھی۔ اس وقت بانی کے حساب رنگ میں ایک ہی رنگ جڑا ہوا تھا اور وہ تھا زرد رنگ یوں لگتا تھا جیسے بانی بانی نہیں ہلدی کی گانٹھ ہیں۔

ان کے اندر بیٹھے ہوئے شاعر نے موت سے جو فیصلہ کن جنگ لڑی تھی۔ اس کے آثار اب تک ان کے چہرے پر عیاں تھے۔ بانی کو آج دیکھ کر خوشی ہوتی ہے کہ وہ اس زرد رنگ کو پھلانگ کر اب زندگی سے پھر رنگوں کا حساب مانگنے لگے ہیں۔

پھر بانی سے کافی ہاؤس، ادبی جلسوں اور مخصوص بیٹھکوں میں ملاقاتیں ہونے لگیں۔ بانی کو میں نے ہر دم ایک سیدھے سادے اور معصوم آدمی مگر ایک سرکش اور چوکس شاعر کے روپ میں پایا۔ ایسا شاعر جس کے سامنے ہر دم اس کی شاعری رہتی ہے۔ بانی کی شاعری مال عرب ہے جو ہمیشہ پیش عرب رہتا ہے۔

بانی اصل میں چوبیسوں گھنٹوں کے شاعر ہیں۔ دن بھر میں ایک لمحہ بھی ایسا نہیں آتا جس میں بانی شاعر نہ رہتے ہوں۔ ہر لمحہ انہیں یہ احساس رہتا ہے کہ وہ شاعر ہیں اور شاعر بھی ایسے ویسے نہیں بہت بڑے شاعر۔ جب بھی ملیں گے اپنی شاعری کے فوائد سے لوگوں کو یوں واقف کرائیں گے جیسے ان کی شاعری نہ ہو کوئی مجرب نسخہ ہو۔ پھر یہ بھی کہیں گے۔ "یار ہم نے اردو شاعری کو اتنا سب کچھ دیا ہے۔ بتاؤ آخر کب ہماری قدر ہوگی۔" مخاطب مجھ جیسا ہوگا تو کہے گا "بانی صاحب جس زبان میں آپ شاعری کرتے ہیں اسے ذرا ختم تو ہولینے دیجئے ایسی بھی کیا جلدی ہے۔ اس کے بعد آپ کی قدر ضرور ہوگی۔" اور اگر مخاطب معصوم اور بھولا بھالا ہوگا تو کہے گا۔ "بانی صاحب آپ تو ESTABLISHED شاعر ہیں۔ پھر آپ کو یہ گلہ کیوں کہ آپ کی قدر نہیں ہو رہی ہے۔" لیکن اس کے باوجود بانی زمانہ کی بے مہری کا شکوہ کرتے رہیں گے۔ پھر اچانک اپنی جیب سے بیڑی نکال کر اسے جلاتے ہوئے اپنا ایک شعر پڑھ دیں گے۔ اور مخاطب کے چہرہ پر بیڑی کا دھواں چھوڑتے ہوئے پوچھیں گے "ہے کسی کی مجال جو ایسا شعر کہہ کر دکھادے۔"

اردو غزل میں مقطع کی ایجاد صرف اس لیے ہوئی تھی کہ شاعر اس میں حسب استطاعت اپنی تعریف و توصیف کرے۔ لیکن بانی اپنی تعریف کے لیے مقطع کو ناکافی سمجھتے ہیں: کچھ اور چاہیے وسعت مرے بیاں کے لیے

اسی لئے وہ عام نثری بات چیت میں بھی ہر دم مقطع ہی کہتے رہتے ہیں۔ جیسا کہ میں پہلے کہہ چکا ہوں دہلی آنے کے بعد میں نے بانیؔ کے کلام کے بارے میں اپنی رائے پر مبنی چند جملے تراش لیے تھے۔ چاہتا تھا کہ کبھی یہ توصیفی کلمات بانی کے گوش گزار کروں گا۔ مگر بانی جب بھی ملے وہ اپنے کلام کے بارے میں اپنی ہی رائے کو مجھ پر ظاہر کرنے میں اس قدر مصروف رہے کہ کبھی مجھے اپنی ناچیز رائے کے اظہار کا موقع ہی نہیں دیا۔ بلکہ یہ کہوں تو بیجا نہ ہوگا کہ جملے میں نے تراش رکھے تھے ہو بہو وہی جملے بانی اپنے بارے میں کب کے کہہ چکے ہیں،

دیکھنا تقریر کی لذت کہ جو اس نے کہا
میں نے یہ جانا کہ گویا یہ بھی میرے دل میں ہے

بانی کے اسی وصف کی وجہ سے میں نے دیکھا ہے کہ لوگ ان کی پیٹھ پیچھے تعریف کرتے ہیں اور ان کا سامنا ہو تو منہ لٹکائے بیٹھے رہتے ہیں۔ ذرا غور فرمایئے اس نفسا نفسی کے زمانہ میں پیٹھ پیچھے تعریف کسے ملتی ہے۔ بانی کی غیر موجودگی میں میں نے ہر دوست سے بانی کے کلام کے بارے میں رائے پوچھی ہے اور آج تک ایک بھی شخص ایسا نہیں ملا جس نے بانی کی شاعری میں کوئی میخ نکالی ہو۔ مگر نہ جانے بانی کی موجودگی میں لوگوں کو کیوں چپ سی لگ جاتی ہے۔

اصل میں بانی کے اندر جو شاعر بیٹھا ہوا ہے وہ ہر دم اپنی گردن اکڑائے رکھنا چاہتا ہے۔ چاہے ایسا کرنے سے اس کی گردن میں درد ہی کیوں نہ ہونے لگے بانی کو دیکھ کر

احساس ہوتا ہے کہ اب وائٹ کالرڈ شاعر بھی پیدا ہونے لگے ہیں ایک دلچسپ بات اور بھی بتلا دوں کہ بانی کے اندر جب شاعر بہت زیادہ بیدار ہوتا ہے تو بانی خود اپنے آپ کو "بانی صاحب۔ بانی صاحب" کہہ کر مخاطب کرتے ہیں۔ مجھے یاد ہے کہ ایک دن میں اپنے ایک حیدر آبادی دوست کے ہمراہ کافی ہاؤس گیا تو دیکھا کہ بانی دوستوں میں گھرے بیٹھے ہیں۔ مسئلہ کچھ یوں زیر بحث تھا کہ بانی فلاں مشاعرہ میں کیوں نہیں گئے۔ بحث پہلے سے جاری تھی اور جب ہم ٹیبل پر پہنچے تو بانی دوستوں سے یوں مخاطب تھے۔

"بھئی بانی صاحب کو تم جانتے ہی ہو۔ وہ کیوں اس طرح کے مشاعروں میں جانے لگیں۔ بانی صاحب کو لوگوں نے سمجھ کیا رکھا ہے۔ بانی صاحب کا اپنا ایک الگ مقام ہے۔ بانی صاحب بہر حال بانی صاحب ہیں۔" غرض وہ بڑی دیر تک بانی صاحب ہی کی باتیں کرتے رہے۔ پھر وہ ٹیبل سے اٹھ کر چلے گئے۔ جب وہ چلے گئے تو میرے حیدر آبادی دوست نے کہا "یار بانی تو دہلی میں ہی رہتے ہیں۔ ان سے ملنے کی بڑی تمنا ہے۔ بڑا اشتیاق ہے۔ پھر ابھی جو صاحب اٹھ کر گئے ہیں۔ انھوں نے تو اس آتش شوق کو اور بھی بھڑکا دیا ہے۔ یار ہماری ان سے ملاقات تو کرا دو۔" محفل میں زور دار قہقہے بلند ہوئے اور میں نے اپنے دوست کو بتلایا۔ "میاں یہ جو صاحب ابھی تمہاری آتش شوق کو بھڑکا رہے تھے وہ اصل میں بانی صاحب ہی تھے۔ بانی صاحب کے راستہ میں خود بانی صاحب حائل ہیں۔ اب یہ تمہاری بد قسمتی ہے کہ ان سے ملاقات نہ ہو سکی۔"

اور میرا دوست حیران اور پھٹی پھٹی نگاہوں سے ہمارے قہقہوں کو دیکھتا رہ گیا۔ میں یہ بات مذاق میں نہیں بلکہ بڑی سنجیدگی کے ساتھ کہنا چاہتا ہوں کہ احتشام حسین مرحوم سے لے کر باقر مہدی اور شمس الرّحمن فاروقی تک سب ناقد بانی کے سچے قدر دان ہیں۔ موخر الذکر دو ناقدوں کی قدر دانی کا میں چشم دید گواہ بھی ہوں۔

ڈاکٹر نارنگ کے گھر پر ایک محفل میں جب بانی سے کلام سنانے کی فرمائش کی گئی تو شمس الرّحمن فاروقینے کہا تھا۔ یہ کیسے ہو سکتا ہے، بانی اپنے رتبہ کے اعتبار سے آخر میں کلام سنائیں گے۔ پہلے میں سنائے دیتا ہوں۔"

باقر مہدی کے ساتھ بھی کچھ ایسا ہی ہوا تھا۔ مگر یہاں مقطع میں سخن گسترانہ بار آگئی تھی۔ ہوا یوں تھا کہ فکر تونسوی کے گھر پر شعر و شراب کی محفل جمی ہوئی تھی۔ محفل کا رنگ دیکھ کر میں نے باقر مہدی سے خواہش کی کہ وہ اپنی کوئی غزل سنائیں۔ اس فرمائش پر باقر مہدی نے گلاس میں رکھی ہوئی شراب کو ایک ہی گھونٹ میں پی لیا۔ اپنے پائپ کو الگ رکھا۔ پھر اپنے دونوں ہاتھ بانی کے سامنے جوڑتے ہوئے کہا" بانی کے سامنے میری کیا مجال کہ میں شعر سناؤں۔ آج ہم بانی کو سنیں گے۔" بانی دی گریٹ۔"

بانی، باقر مہدی کے اس ادا پر کچھ اس طرح فریفتہ ہوئے کہ اپنے گلاس کی ساری شراب، جو کافی مقدار میں تھی، باقر مہدی کے گلاس میں انڈیل دی۔ باقر مہدی نے اسی سرعت کے ساتھ یہ شراب بھی ایک ہی گھونٹ میں پی لی۔ ایک لمبا سانس لیا۔ پھر میری طرف دیکھ کر آنکھ ماری اور کہا" اچھا بھئی تو لو ہم تمہیں اپنی غزل سناتے ہیں" اس کے بعد باقر مہدی پورے ایک گھنٹے تک اپنی غزل پینترے بدل بدل کر سناتے رہے کبھی ترنم سے کبھی تحت اللفظ، کبھی بیٹھ کر کبھی کھڑے ہو کر اور کبھی لیٹ کر اور میں بانی کی معصومیت اور باقر مہدی کی غزل دونوں پر باری باری سے اپنے دل میں مسکراتا رہا۔ میں بانی کو یہ دوستانہ مشورہ دینا چاہوں گا کہ مستقبل میں کبھی اپنے حصے کی شراب ناقدوں کو نہ دیا کریں۔ یوں بھی ناقدوں کو اپنے کلام کے سوائے اور کچھ نہیں دینا چاہیے۔ ایسی دریا دلی سے کیا فائدہ جس میں نہ خدا ہی ملے نہ وصال صنم۔

بانی کو میں نے جب بھی دیکھا دو چھڑیوں کے ہمراہ پایا جو ہمیشہ ایک دوسرے کو نہ

صرف حسرت بلکہ کنور سین حسرتؔ کی نظر سی دیکھتی رہتی ہیں۔ بانی کی نہ جانے ایسی کیا کمزوری ہے کہ کنور سین حسرتؔ اور چھڑی کے بغیر وہ ایک قدم بھی نہیں اٹھا سکتے۔ ادبی محفل میں جانا ہو گا تو کنور سین ان کے ساتھ ہوں گے کہیں کام پر جانا ہو گا تو کنور سین تب بھی ساتھ ہوں گے۔ کسی دور دراز مقام پر مشاعرہ پڑھنے جائیں گے۔ تو تب بھی کنور سین ان کے ساتھ ہوں گے۔ اب تو مجھے شبہ ہونے لگا ہے کہ اگر خدانخواستہ بانی کو جہنم میں جانا پڑے تو تب بھی وہ کنور سین کو زبردستی اپنے ساتھ گھسیٹ کر لے جائیں گے۔ کنور سین کو بہر حال ایک نہ ایک دن اپنے کیے کی سزا ضرور ملے گی۔

ایک دن میں نے کنور سین حسرت سے تنہائی میں، جو بڑی مشکل سے میسر آتی ہے، پوچھا۔ "حسرت صاحب! یہ آپ ہر دم بانی کے باسویل کیوں بنے پھرتے ہیں؟"

تنک کے بولے "برخوردار! جانسن اور بانی تو آئے دن پیدا ہوتے رہتے ہیں مگر باسویل صدیوں میں پیدا ہوتے ہیں۔" پھر اپنی تاویل کے تابوت میں آخری کیل اقبال کے اس مصرع سے ٹھونکی کہ بڑی مشکل سے ہوتا ہے چمن میں دیدہ ور پیدا

اس کے بعد پھر کبھی میری ہمت نہیں پڑی کہ اس بند تابوت کو کھولوں۔

بانی ایک سچے اور مخلص دوست ہیں وہ اپنے ہر دوست اور اپنے ہر شناسا کی دل سے عزت کرتے ہیں۔ حد ہو گئی کہ تادم تحریر وہ میرے بھی مداح ہیں۔ آگے کا حال خدا جانے۔ دوستوں کی عزت افزائی اور قدر دانی کے معاملہ میں وہ کچھ کچھ سوشلزم کے قائل ہیں۔ شاعر چھوٹا ہو یا بڑا اگر اپنا شعر بانی کو سناتا ہے تو بانی اس پر ہمیشہ یکساں داد دیں گے۔

میں اب اس خاکہ کے مقطع کی طرف جا رہا ہوں۔ مگر آپ گھبرائیے نہیں میں اس میں اپنی تعریف نہیں بلکہ بانی کی ہی تعریف کروں گا۔ میں بانی کے اس خیال سے متفق ہوں کہ وہ اس دور کے بڑے شاعر ہیں مگر میں بانی سے یہ درخواست کروں گا کہ آج وہ

میرے اس خیال سے متفق ہوں کہ بانی اس دور کا بڑا شاعر ہے۔ اچھی رائے کے معاملہ میں کبھی کبھی دوستوں کی رائے سے بھی متفق ہونا چاہیے۔

کبھی کبھی رات کو جب میں تھکا ماندہ گھر پہنچتا ہوں اور اتفاق سے بانی کا مجموعۂ کلام میرے ہاتھ پڑ جاتا ہے تو رات کتنی حسین دکھائی دینے لگتی ہے۔ ستارے بانی کے شعروں کی طرح چمکنے لگتے ہیں۔ رات کا سناٹا بانی کی زبان بولنے لگتا ہے بستر کی سفید چادر بانی کے بے داغ فن کی طرح دمک اٹھتی ہے۔ زندگی کی بے ترتیبی پر بانی کے لہجہ کا قرینہ چھا جاتا ہے۔ سارا وجود روئی کے گالوں کی طرح سبک بن جاتا ہے۔ پھر میں سوچنے لگتا ہوں بانی شاعر ہے یا جادوگر؟

ایک بار بانی نے چند بے تکلف احباب کی محفل میں بڑے دکھ بھرے لہجے میں کہا تھا "یار، اردو کے اس دردزوال میں بڑی عظیم شاعری ہو رہی ہے۔ مگر اس دور زوال کے بعد کیا ہوگا؟ ہم جو چند احباب آج یہاں بیٹھے ہیں کیا آنے والے کل کی گود میں بھی ایسے ہی احباب بیٹھیں گے۔" بانی کی یہ بات مجھے ہر لمحہ جھنجھوڑتی رہتی ہے مجھے یوں لگتا ہے جیسے ہم سب اپنی اپنی گمنام شہرتوں کی صلیبیں اپنے ہی کندھوں پر اٹھائے مقتل کی طرف جا رہے ہیں۔ جہاں ہم خود اپنے آپ کو مصلوب کریں گے۔ اس کے بعد نہ ہمارا کوئی حرف معتبر ہوگا اور نہ ہی کوئی رنگوں کا حساب پوچھے گا۔ آخر میں میں اس خاکہ کو بانی کے اس پر امید شعر پر ختم کرنا چاہوں گا،

اے ساعت ازل کے ضیاساز فرشتے
رنگوں کی سواری کے نکلنے کی خبر دے

***

گدڑی کا لال: نور خاں

مولوی عبدالحق

لوگ بادشاہوں اور امیروں کے قصیدے اور مرثیے لکھتے ہیں۔ نامور اور مشہور لوگوں کے حالات قلم بند کرتے ہیں۔ میں ایک غریب سپاہی کا حال لکھتا ہوں، اس خیال سے کہ شاید کوئی پڑھے اور سمجھے کہ دولت مندوں، امیروں اور بڑے لوگوں کے ہی حالات لکھنے اور پڑھنے کے قابل نہیں ہوتے بلکہ غریبوں میں بھی بہت سے ایسے ہوتے ہیں کہ ان کی زندگی ہمارے لیے سبق آموز ہو سکتی ہے۔ انسان کا بہترین مطالعہ انسان ہے اور انسان ہونے .ں‌ک امرا اور غریب کا کوئی فرق نہں آ ہے۔

پھول میں گر آن ہے کانٹے میں بھی ایک شان ہے

نور خاں مرحوم کنٹنجنٹ کے اول رسالے میں سپاہی سے بھرتی ہوئے۔ انگریزی افواج میں حیدرآباد کی کنٹنجنٹ خاص حیثیت اور امتیاز رکھتی تھی۔ ہر شخص اس میں بھرتی نہیں ہو سکتا تھا، بہت دیکھ بھال ہوتی تھی، بعض اوقات نسب نامے تک دیکھے جاتے تھے تب کہیں جاکر ملازمت ملتی تھی۔ کوشش یہ ہوتی تھی کہ صرف شرفا اس میں بھرتی کیے جائیں۔ یہی وجہ ہے کہ کنٹنجنٹ والے عزت کی نظر سے دیکھے جاتے تھے لیکن بعد میں یہ قید اٹھ گئی اور اس میں اور انگریزوں کی دوسری فوجوں میں کوئی فرق نہیں رہا۔ پہلے زمانہ میں سپاہ گری بہت معزز پیشہ سمجھا تا تھا اب اس میں اور دوسرے پیشوں

میں کوئی فرق نہیں رہا۔ بات یہ ہے کہ اشراف کا سنبھالنا بہت مشکل کام ہے۔ اس میں ایک آن بان اور خودداری ہوتی ہے جو بہادری اور انسانیت کا اصل جوہر ہے ہر کوئی اس کی قدر نہیں کر سکتا۔ اس لیے شریف روتا اور ذلیل ہنستا ہے۔ یہ جتنا پھیلتا ہے وہ اتنا ہی سکڑتا ہے۔ کرنل نواب افسر الملک بہادر بھی نور خاں مرحوم ہی کے رسالے کے ہیں، کنٹنجنٹ کے بہت سے لوگ اکثر تو کرنل صاحب موصوف کے توسط سے نواب، کرنیل، میجر، کپتان اور بڑے بڑے عہدیدار ہیں۔ لیکن دیکھنا یہ ہے کہ کوئی نور خاں بھی ہے؟

اول رسالے کے بعض لوگوں سے معلوم ہوا کہ خان صاحب مرحوم فوج میں بھی بڑی آن بان سے رہے اور سچائی اور فرض شناسی میں مشہور تھے، یہ ڈرل انسٹکرٹر تھے یعنی گوروں کو جو نئے بھرتی ہو کر آتے تھے، ڈرل سکھاتے تھے۔ اس لیے اکثر گورے افسروں سے واقف تھے۔ وہ بڑے شہسوار تھے اور گھوڑے خوب پہچانتے تھے، بڑے بڑے سرکش گھوڑے جو پٹھے پر ہاتھ نہ دھرنے دیتے تھے انہوں نے درست کیے گھوڑے کو سدھانے اور پھیرنے میں انہیں کمال تھا۔ چونکہ بدن کے چھریرے اور ہلکے پھلکے تھے۔ گھوڑ دوڑ میں گھوڑے دوڑاتے تھے اور اکثر شرطیں جیتتے تھے۔ ان کے افسر ان کی مستعدی اور خوش تدبیری اور سلیقے سے بہت خوش تھے۔ لیکن کھرے پن سے وہ بعض اوقات ناراض ہو جاتے تھے۔ ایک دفعہ کا ذکر ہے کہ ان کے کمانڈنگ افسر نے ان سے کسی بات پر خفا ہو کر جیسا کہ انگریزوں کا عام قاعدہ ہے انہیں ڈیم کہہ دیا۔ یہ تو گالی تھی۔ خاں صاحب کسی کی ترچھی نظر کے بھی روادار نہ تھے انہوں نے فوراً رپورٹ کر دی۔ لوگوں نے چاہا کہ معاملہ رفع دفع ہو جائے اور آگے نہ بڑھے۔ مگر خاں صاحب نے ایک نہ سنی، معاملے نے طول کھینچا اور جنرل صاحب کو لکھا گیا۔ کمانڈنگ افسر کا کورٹ مارشل ہوا اور اس سے کہا گیا کہ خاں صاحب سے معافی مانگے، ہر چند اس نے بچنا چاہا مگر

پیش نہ گئی اور مجبوراً اسے معافی مانگنی پڑی۔ ایسی خودداری اور نازک مزاجی پر ترقی کی توقع رکھنا عبث ہے۔ نتیجہ یہ ہے کہ دفعداری سے آگے نہ بڑھے۔

اچھے برے ہر قوم میں ہوتے ہیں۔ شریف افسر خاں صاحب کی سچائی اور دیانت داری اور جفاکشی کی بڑی قدر کرتے تھے اور ان کو اپنی اردلی میں رکھتے تھے۔ مگر بعض ایسے بھی تھے کہ جن کے سر میں خنّاس سمایا ہوا تھا۔ انہیں خاں صاحب کے یہ ڈھنگ پسند نہ تھے اور وہ ہمیشہ ان کے نقصان کے درپے رہتے تھے۔ ایسے لوگ اپنی اور اپنی قوم والوں کی خودداری کو جوہر شرافت سمجھتے تھے۔ لیکن اگر یہی جوہر کسی دیسی میں ہوتا تو اسے غرور اور گستاخی پر محمول کرتے ہیں۔ تاہم ان کے اکثر انگریز افسران ان پر بہت مہربان تھے۔ خاص کر کرنل فرن ٹین ان پر بڑی عنایت کرتے تھے اور خاں صاحب پر اس قدر اعتبار تھا کہ شاید کسی اور پر ہو۔ جب کرنل صاحب نے اپنی خدمت سے استعفیٰ دیا تو اپنا تمام مال و اسباب اور سامان جو ہزار ہا روپے کا تھا خاں صاحب کے سپرد کر گئے۔ یہ امر انگریز افسروں کو بہت ناگوار ہوا۔ اس وقت کے کمانڈنگ افسر سے نہ رہا گیا اور اس نے کرنل موصوف کو لکھا کہ آپ نے ہم پر اعتماد نہ کیا اور ایک دیسی دفعدار کو اپنا تمام قیمتی سامان حوالے کر گئے۔ اگر آپ یہ سامان ہمارے سپرد کر جاتے تو اسے اچھے داموں میں فروخت کر کے قیمت آپ کے پاس بھیج دیتے۔ اگر اب بھی لکھیں تو اس کا انتظام ہو سکتا ہے۔ کرنل نے جواب دیا کہ مجھے نور خاں پر تمام انگریز افسروں سے زیادہ اعتماد ہے۔ آپ کو زحمت کرنے کی ضرور نہیں ہے۔ اس پر یہ لوگ اور برہم ہوئے۔ ایک بار کمانڈنگ افسر یہ سامان دیکھنے آیا اور کہنے لگا کہ فلاں فلاں چیز میم صاحب نے ہمارے ہاں سے منگائی تھی۔ چلتے وقت واپس کرنی بھول گئے۔ اب تم یہ سب چیزیں ہمارے بنگلے پر بھیج دو۔

خاص صاحب نے کہا میں ایک چیز بھی نہیں دوں گا۔ آپ کرنل صاحب کو لکھئے وہ اگر مجھے لکھیں گے تو مجھے دینے میں کچھ عذر نہ ہو گا۔ وہ اس جواب پر بہت بگڑا اور کہنے لگا کہ تم ہمیں جھوٹا سمجھتے ہو؟ خاں صاحب نے کہا میں آپ کو جھوٹا نہیں سمجھتا، یہ سامان میرے پاس امانت ہے اور ہمیں کسی کو اس میں سے ایک تنکا بھی دینے کا مجاز نہیں۔ غرض وہ بڑبڑاتا ہوا کھسیانا ہو کر چلا گیا۔ خاں صاحب نے ایک انگریزی محرر سے اس سامان کی ایک مکمل فہرست تیار کرائی اور کچھ تو خود خریدی اور کچھ نیلام کے ذریعہ بیچ کر ساری رقم کرنل صاحب کو بھیج دی۔

نہ معلوم یہی کرنل تھا یا دوسرا کوئی افسر، جب ملازمت سے قطع تعلق کر کے جانے لگا تو اس نے ایک سونے کی گھڑی، ایک عمدہ بندوق اور پانسو روپے نقد بطور شکرانے کے خاں صاحب کو دیے۔ خاں صاحب نے لینے سے انکار کیا اور اس کی بیوی نے بہتیرا اصرار کیا مگر انہوں نے سوائے بندوق کے دوسری کوئی چیز نہ لی اور باقی سب چیزیں واپس کر دیں۔

کرنل اسٹوارٹ بھی جو ہنگولی چھاؤنی کے کمانڈنگ افسر تھے، ان پر بہت مہربان تھے، رسالے کے شریف انگریزوں سے کہا کرتے تھے کہ ہمارے بعد انگریز افسر تم کو نقصان بہت پہنچائیں گے۔ وہ ان کی روش سے خوش نہ تھے اور خوش کیوں کر ہوتے خوشامد سے انہیں چڑ تھی اور غلامانہ اطاعت آتی نہیں تھی۔ ایک بار کا ذکر ہے کہ اپنے کرنل کے ہاں کھڑے تھے کہ ایک انگریز افسر گھوڑے پر سوار آیا۔ گھوڑے سے اتر کر اس نے خاں صاحب سے کہا کہ گھوڑا پکڑو۔ انہوں نے کہا میں سائیس نہیں ہوں۔ اس نے ایسا جواب کاہے کو سنا تھا، بہت چیں بہ جبیں ہوا مگر کیا کرتا۔ آخر باگ درخت کی ایک شاخ سے اٹکا کر اندر چلا گیا۔ اب نہ معلوم یہ خاں صاحب کی شرارت تھی یا اتفاق کہ

باگ شاخ سے نکل گئی اور گھوڑا بھاگ نکلا۔ اب جو صاحب باہر آئے تو گھوڑا ندارد، بہت جھنجھلایا، بڑی مشکل سے تلاش کر کے پکڑوایا تو جگہ جگہ سے زخمی پایا۔ اس نے کرنل صاحب سے خاں صاحب کی بہت شکایت کی۔ معلوم نہیں کرنل نے اس انگریز کو کیا جواب دیا لیکن وہ خاں صاحب سے بہت خوش ہوا اور کہا تم نے خوب کیا۔

خاں صاحب نے جب یہ رنگ دیکھا تو خیر اسی میں سمجھی کہ کسی طرح وظیفہ لے کر الگ ہو جائیں، وہ بیمار بن گئے اور اسپتال میں رجوع ہوئے۔ کرنل اسٹوارٹ نے ڈاکٹر سے کہہ کر ان کو مدد دی اور اس طرح وہ کچھ دنوں بعد ڈاکٹر کی رپورٹ پر وظیفہ لے کر فوجی ملازمت سے سبکدوش ہو گئے۔ سچ ہے انسان کی برائیاں ہی اس کی تباہی کا باعث نہیں کی ہوتیں۔ بعض اوقات اس کی خوبیاں بھی اسے لے ڈوبتی ہیں۔

کرنل اسٹوارٹ نے بہت چاہا کہ ہو مسٹر ہنکن ناظم پولیس سے سفارش کر کے انہیں ایک اچھا عہدہ دلادیں مگر خاں صاحب نے اسے قبول نہ کیا اور کہا کہ اب میں اپنے وطن دولت آباد میں ہی رہنا چاہتا ہوں۔ اگر آپ صوبے دار صاحب اورنگ آباد سے سفارش فرمادیں تو بہت اچھا ہو۔ کرنل صاحب بہت اصرار کرتے رہے کہ دیکھو تمہیں پولیس میں بہت اچھی خذمت مل جائے گی انکار نہ کرو مگر یہ نہ مانے۔ آخر مجبور ہو کر نواب مقتدر جنگ بہادر صوبے دار صفدر اورنگ آباد سے سفارش کی۔ صوبے دار صاحب کی عنایت سے وہ قلعۂ دولت آبادی کی جمیب کے جمعدار ہو گئے اور بہت خوش تھے۔

نواب مقتدر جنگ کے بعد نواب بشیر نواز جنگ اورنگ آباد کی صوبے داری پر آئے، وہ بھی خاں صاحب پر بہت مہربان تھے۔ اسی زمانہ میں لارڈ کرزن وائسرائے دولت آباد تشریف لائے۔ خاں صاحب نے سلامی دینے کی تیاری کی، کئی توپیں ساتھ ساتھ رکھ کر سلامی دینی شروع کی۔ لارڈ کرزن گھڑی نکال کر دیکھ رہے تھے۔ جب سلامی

ختم ہوئی تو نواب صاحب سے خاں صاحب کی تعریف کی۔ سلامی ایسے قاعدے اور انداز سے دی کہ ایک سکنڈ کا فرق نہ ہونے پایا۔ نواب صاحب نے اس کا تذکرہ خاں صاحب سے کیا اور کہا کہ میاں اب تمہاری خیر نہیں معلوم ہوتی۔

لارڈ کرزن جب قلعہ کے اوپر بالا حصار پر گئے تو وہاں ستانے کے لیے کرسی پر بیٹھ گئے اور جیب سے سگرٹ دان نکال کر سلگایا ہی تھا کہ یہ فوجی سلامی کر کے آگے بڑھے اور کہا کہ یہاں سگرٹ پینے کی اجازت نہیں ہے۔ لارڈ کرزن نے جلتا ہوا سگرٹ نیچے پھینک دیا اور جوتے سے رگڑ ڈالا۔ یہ حرکت دیکھ کر نواب بشیر نواز جنگ بہادر اور دوسرے عہدیداران کا رنگ فق ہو گیا۔ مگر موقع ایسا تھا کہ کچھ کہہ نہیں سکتے تھے۔ لہو کے گھونٹ پی کر چپ رہ گئے۔ بعد میں بہت لے دے کی، مگر اب کیا ہو سکتا تھا۔ خاں صاحب نے قاعدے کی پوری پابندی کی تھی، اس پر چون وچرا کی گنجائش نہ تھی۔

اب اسے اتفاق کہیے یا خاں صاحب کی تقدیر کہ لارڈ کرزن نے جانے کے بعد ہی فنانس کی معتمدی مسٹر واکر کا انتخاب کیا۔ ریاست کے مالیے کی حالت اس زمانے میں بہت خراب تھی۔ مسٹر واکر نے اصلاحیں شروع کیں۔ اس لپیٹ میں قلعۂ دولت آباد بھی آ گیا۔ اوروں کے ساتھ خاں صاحب بھی تخفیف میں آ گئے۔

دولت آباد میں ان کی کچھ زمین تھی۔ اس میں باغ لگانا شروع کر دیا۔ مسٹر واکر دورے پر دولت آباد آئے تو ایک روز ٹہلتے ٹہلتے ان کے باغ میں آ پہنچے۔ خاں صاحب بیٹھے گھاس کھرپ رہے تھے۔ مسٹر واکر کو آتے دیکھا تو اٹھ کر سلام کیا۔ پوچھا کیا حال ہے کہنے لگے آپ کی جان ومال کو دعا دیتا ہوں، آپ کی بدولت گھاس کھودنے کی نوبت آ گئی ہے۔ مسٹر واکر نے کہا کہ یہ بہت اچھا کام ہے، دیکھو تمہارے درخت انجیروں سے کیسے لدے ہیں، ایک ایک آنے کی انجیر بیچو تو کتنی آمدنی ہو جائے گی۔ خاں صاحب گھبرائے

کہیں ایسا نہ ہو کہ یہ کمبخت انجیروں پر بھی ٹیکس لگادے، تڑسے جواب دیا کہ آپ نے انجیر لدے ہوئے تو دیکھ لیے اور یہ نہ دیکھا کہ کتنے سڑ گل جاتے ہیں، کتنے آندھی ہوا سے گر پڑتے ہیں، کتنے پرندے کھا جاتے ہیں۔ اور پھر ہماری دن رات کی محنت۔ مسٹر واکر مسکراتے ہوئے چلے گئے۔

اسی زمانے میں ڈاکٹر سید سراج الحسن صاحب اورنگ آباد کے صدر مہتمم تعلیمات ہو کر آئے تھے۔ ڈاکٹر صاحب بلا کے مردم شناس ہیں۔ تھوڑی ہی دیر میں اور چند باتوں میں آدمی ایسا پرکھ لیتے تھے کہ حیرت ہوتی ہے پھر جیسا وہ آدمی کو سمجھتے ہیں ویسا ہی نکلتا ہے۔ کبھی خطا ہوتے نہیں دیکھی۔ ڈاکٹر صاحب ایسے قابل جوہروں کی تلاش میں رہتے ہیں۔ فوراً ہی خاں صاحب کو اپنے سایۂ عاطفت میں لے لیا۔ ڈاکٹر صاحب کا برتاؤ ان سے بہت شریفانہ اور دوستانہ تھا۔ نواب بزور جنگ اس زمانے میں صوبے دار تھے، مقبرہ کا باغ ان کی نگرانی میں تھا۔ ڈاکٹر صاحب نے سفارش کر کے باغ سے پانچ روپے ماہانہ الاؤنس مقرر کرا دیا۔

نواب برزور جنگ کے پاس ایک گھوڑا تھا۔ وہ اسے بیچنا چاہتے تھے۔ کلب میں کہیں اس کا ذکر آیا۔ ڈاکٹر صاحب نے کہا مجھے گھوڑے کی ضرورت ہے اسے میں خرید لوں گا۔ مگر پہلے نور خاں کو دکھالوں، وہاں سے آکر ڈاکٹر صاحب نے خاں صاحب سے یہ واقعہ بیان کیا اور کہا کہ بھئی اس گھوڑے کو دیکھ آؤ۔ کوئی عیب تو نہیں، خاں صاحب نے کہا آپ نے غضب کیا میرا نام لے دیا۔ گھوڑے میں کوئی عیب ہوا تو میں چھپاؤں گا نہیں اور صوبیدار صاحب مفت میں مجھ سے ناراض ہو جائیں گے۔ ڈاکٹر صاحب نے کہا تم خواہ مخواہ وہم کرتے ہو، کل جاکے ضرور گھوڑا دیکھ لو۔ خاں صاحب گئے۔ گھوڑا نسل کا تو اچھا تھا مگر پانچوں شرعی عیب موجود تھے۔ انہوں نے صاف صاف آکے کہہ دیا اور ڈاکٹر صاحب

نے خریدنے سے انکار کر دیا۔ صوبے دار آگ بگولا ہو گئے۔ دوسرے روز مقبرے میں آئے اور باغ کا رجسٹر منگایا اور نور خاں کے نام پر اس زور سے قلم کھینچا کہ اگر حرفوں اور لفظوں میں جان ہوتی تو وہ بلبلا اٹھتے۔ ڈاکٹر صاحب کو معلوم ہوا تو بہت افسوس کیا مگر انہوں نے اس کی تلافی کر دی، یہ سُن کر صوبے دار صاحب اور بھی جھنجھلائے۔

ڈاکٹر صاحب ترقی پا کر حیدرآباد چلے گئے۔ ان کی خدمت کا دوسرا انتظام ہو گیا۔ کچھ دنوں بعد ڈاکٹر صاحب ناظم تعلیمات ہو گئے اور میں ان کی عنایت سے صدرِ مہتمم، تعلیمات ہو کر اورنگ آباد آیا۔ ڈاکٹر صاحب ہی نے مجھے نور خاں سے ملایا اور ان کی سفارش کی۔ ڈاکٹر صاحب نے انہیں عارضی طور پر دولت آباد میں مدرس کر دیا تھا، میں نے عارضی طور پر اپنے دفتر میں محرر کر دیا۔ وہ مدرسی اور محرری تو کیا کرتے مگر بہت سے مدرسوں اور محرروں سے زیادہ کارآمد تھے۔ ڈاکٹر صاحب نے جب باغ کی نگرانی میرے حوالے کی تو خاں صاحب کا الاؤنس بھی جاری ہو گیا۔

اعلیٰ حضرت واقدس بعد تخت نشینی اورنگ آباد رونق افروز ہوئے تو یہاں کی خوش آب و ہوا کو بہت پسند فرمایا اور ایک عظیم الشان باغ لگانے کا حکم دیا۔ یہ کام ڈاکٹر صاحب کے سپرد ہوا اور ان سے بہتر یہ کام کوئی کر بھی نہیں سکتا تھا۔ ڈاکٹر صاحب کی مہربانی سے آخر اس باغ کے عملے میں خاں صاحب کو بھی ایک اچھی سی جگہ مل گئی جو ان کی طبیعت کے مناسب تھی اور آخر دم تک وہ اسی خدمت پر رہے اور جب تک دم میں دم رہا اپنے کام کو بڑی محنت اور دیانت داری سے کرتے رہے۔

یوں محنت سے کام تو اور بھی کرتے لیکن خاں صاحب میں بعض ایسی خوبیاں تھیں جو بڑے بڑے لوگوں میں بھی نہیں ہوتیں۔ سچائی، بات کی اور معاملے کی، ان کی سرشت میں تھی اور خواہ جان ہی پر کیوں نہ بن جائے، وہ سچ کہنے سے کبھی نہیں چوکتے تھے اسی

میں انہیں نقصان بھی اٹھانے پڑے مگر وہ سچائی کی خاطر سب کچھ گوارا کر لیتے تھے۔ مستعد ایسے تھے کہ اچھے اچھے جوان ان کا مقابلہ نہیں کر سکتے تھے دن ہو، رات ہو، ہر وقت کام کرنے کو تیار۔ اکثر دولت آباد سے پیدل آتے جاتے تھے۔ کسی کام کو کہیے تو ایسی خوشی سے کرتے تھے کہ کوئی اپنا کام بھی اس قدر خوشی سے نہ کرتا ہو گا۔ دوستی کے بڑے پکے اور بڑے وضعدار تھے، چونکہ ادنیٰ اعلیٰ سب ان کی عزت کرتے تھے اس لیے ان کے غریب دوستوں سے بہت سے کام نکلتے تھے۔ ان کا گھر مہمان سرائے تھا۔ اورنگ آباد کے آنے جانے والے کھانے کے وقت بے تکلف ان کے گھر پہنچ جاتے اور وہ ان سے بہت خوش ہوتے تھے۔ بعض لوگ جو مسافر بنگلے میں آکر ٹھہر جاتے تھے ان کی دعوت بھی کر دیتے تھے، بعض اوقات ٹولیوں کی ٹولیاں پہنچ جاتی تھیں اور وہ ان کی دعوتیں بڑی فیاضی سے کرتے تھے۔ اس قدر قلیل معاش ہونے پر ان کی یہ مہمان نوازی دیکھ حیرت ہوتی تھی۔ ان کی بیوی بھی ایسی نیک بخت تھی کہ دفعتاً مہمانوں کے پہنچ جانے سے کبھی کبیدہ خاطر نہ ہوتی تھی بلکہ خوشی خوشی کام کرتی اور کھلاتی تھی۔ خوددار ایسے کہ کسی سے ایک پیسے کے روادار نہ ہوتے تھے۔ ڈاکٹر سراج الحسن ہر چند طرح طرح سے ان کے ساتھ سلوک کرنا چاہتے تھے مگر وہ ٹال جاتے تھے۔ مجھ سے انہیں خاص انس تھا، میں کوئی چیز دیتا تھا تو کبھی انکار نہ کرتے تھے، بلکہ کبھی کبھی خود فرمائش کرتے تھے، مٹھاس کے بے حد شائق تھے۔ ان کا قول تھا کہ اگر کسی کو کھانے کو میٹھا ملے تو نمکین کیوں کھائے۔ وہ کہا کرتے تھے کہ نمکین کھانا مجبوری سے کھاتا ہوں مجھ میں اگر استطاعت ہو تو ہمیشہ مٹھاس ہی کھایا کروں اور نمکین کو ہاتھ نہ لگاؤں۔" انہیں مٹھاس کو کھاتے دیکھ کر حیرت ہوتی تھی۔ اکثر جیب میں گڑ رکھتے تھے۔ ایک بار میرے ساتھ دعوت میں گئے، قسم قسم کے تکلف کے کھانے تھے۔ خاں صاحب نے چھوٹتے ہی میٹھے پر ہاتھ ڈالا۔ ایک صاحب

جو دعوت میں شریک تھے یہ خیال کر کے کہ خاں صاحب کو دھوکا ہوا کہنے لگے کہ "حضرت یہ میٹھا ہے۔" مگر انہوں نے کچھ پروانہ کی اور برابر کھاتے رہے، جب وہ ختم ہو گیا تو دوسرے میٹھے پر ہاتھ بڑھایا۔ ان حضرت نے پھر ٹوکا کہ حضرت یہ میٹھا ہے، انھوں نے کچھ جواب نہ دیا اور اسے بھی ختم کر ڈالا۔ جب کبھی وہ کسی دوست کے ہاں جاتے وہ انھیں ضرور میٹھا کھلاتے اور یہ خوش ہو کر کھاتے۔

خاص صاحب بہت زندہ دل تھے۔ چہرے پر ہمیشہ مسکراہٹ رہتی تھی جسے دیکھ کر خوشی ہوتی تھی، وہ بچوں میں بچے، جوانوں میں جوان اور بوڑھوں میں بوڑھے تھے۔ غم اور فکر کو پاس نہ آنے دیتے تھے اور ہمیشہ خوش رہتے تھے اور دوسروں کو بھی خوش رکھتے تھے۔ ان سے ملنے اور باتیں کرنے سے غم غلط ہوتا تھا۔ آخر دم تک ان کی زندہ دلی ویسی ہی رہی۔

ڈاکٹر سراج الحسن صاحب جب کبھی اورنگ آباد آتے تو اسٹیشن سے اترتے ہی اپنا روپیہ پیسہ سب ان کے حوالے کر دیتے تھے اور سب خرچ ان ہی کے ہاتھ سے ہوتا تھا۔ جانے سے ایک روز قبل وہ حساب لے کر بیٹھتے، بعض وقت جب بدھ نہ ملتی تو آدھی رات تک لیے بیٹھے رہتے۔ ہر چند ڈاکٹر صاحب کہتے کہ خاں صاحب یہ تم کیا کرتے ہو، جو خرچ ہوا ہوا باقی جو بچا وہ دے دو یا زیادہ خرچ ہوا ہو تو لے لو۔ مگر وہ کہاں مانتے تھے، جب تک حساب ٹھیک نہ بیٹھتا انہیں اطمینان نہ ہوتا۔ چلتے وقت کہتے کہ لیجیے صاحب یہ آپ کا حساب ہے اتنا خرچ ہوا اور اتنا بچا۔ یا کچھ زیادہ خرچ ہو جاتا تو کہتے کہ اتنے پیسے ہمارے خرچ ہوئے یہ ہمیں دلوائیے۔ کبھی ایسا ہوا کہ انہیں کچھ شبہ ہوا تو جانے کے بعد پھر حساب لے کر بیٹھتے اور خط لکھ کر بھیجتے کہ اتنے آنے آپ کے رہ گئے تھے، وہ بھیجے جاتے ہیں، یا اتنے پیسے میرے زیادہ خرچ ہو گئے تھے، وہ بھیج دیجیے گا، ڈاکٹر صاحب ان باتوں پر بہت

جھنجھلاتے تھے۔

وہ حساب کے کھرے، بات کے کھرے، اور دل کے کھرے تھے۔ وہ مہر و وفا کے پتلے اور زندہ دلی کی تصویر تھے۔ ایسے نیک نفس، ہمدرد، مرنج و مرنجان اور وضعدار لوگ کہاں ہوتے ہیں۔ ان کے بڑھاپے پر لوگوں کو رشک آتا تھا اور ان کی مستعدی دیکھ کر دل میں امنگ پیدا ہوتی تھی۔ ان کی زندگی بے لوث تھی اور ان کی زندگی کا ہر لمحہ کسی نہ کسی کام میں صرف ہوتا تھا۔ مجھے وہ اکثر یاد آتے ہیں اور یہی حال ان کے دوسرے جاننے والوں اور دوستوں کا ہے۔ اور یہ ثبوت ہے اس بات کا کہ وہ کیسا اچھا آدمی تھا۔ قومیں ایسے ہی لوگوں سے بنتی ہیں۔ کاش ہم میں بہت سے نور خاں ہوتے!

***

رفیع احمد خاں

شوکت تھانوی

نقش کو اس کے مصور پر بھی کیا کیا ناز ہیں
کھینچتا ہے جس قدر اتنا ہی کھنچتا جاتا ہے

رفیع احمد خاں ایم۔ اے۔ مجھ سے اس قدر قریب ہیں کہ میں ان کو دیکھنے سے قاصر ہوں۔ ان کے معائب محاسن اور محاسن معائب نظر آتے ہیں۔ مثلاً ان کی ذہانت، اور ان کی بلا کی حاضر جوابی پر غصہ آتا ہے کہ یہ شخص اتنا بلند ہو کر اس پستی میں زندہ رہنا کیوں گوارا کئے ہوئے ہے۔ خودکشی کیوں نہیں کر لیتا۔ کسی کو قتل کر کے پھانسی پر کیوں نہیں چڑھ جاتا۔ لڑائی میں جاکر رنگروٹ کیوں نہیں بن جاتا۔ کوآپریٹو سوسائیٹیز میں ہیڈ اسسٹنٹ کیوں بنا ہوا ہے۔ ان کے چاندنی اور اندھیری راتوں کے مشاغل پر دل خوش ہوتا ہے کہ ضرور اس مظلوم کو فطرت سے اسی طرح انتقام لینا چاہئے۔ فطرت اس کو پیس ڈالنا چاہتی ہے مگر وہ ٹھٹھے لگاتا ہے۔ قہقہے بلند کرتا ہے۔ تقدیر کو منھ چڑھاتا ہے اور منھ چڑھا چڑھا کر ایک شریر لڑکے کی طرح دور جا کر ہنستا ہے۔ پھر منھ چڑھاتا ہے اور پھر دُور بھاگ کر ہنستا ہے۔

میں نے بہت سے ذہین آدمی دیکھے ہیں۔ بہت سے پڑھے لکھے جاہلوں اور عالموں سے سابقہ رہا ہے، بڑے بڑے حاضر جوابوں کے کمالات دیکھ چکا ہوں۔ مگر رفیع احمد خاں

اپنا جواب خود ہیں۔ انگریزی میں ایک تبحر صاحب قلم، اردو میں ایک جادو بیان شاعر۔ جادو یہ ہے کہ کلام نظر نہیں آتا، مگر خدا کی قسم بے پناہ کہتے ہیں۔ ایسا کہتے ہیں کہ خود ان کا ایک شعر سن کر علامہ اقبال نے مجھ سے کہا تھا کہ خیریت یہ ہوئی کہ یہ شخص اپنے مخصوص رنگ میں اپنی ذہانت صرف کر رہا ہے۔ اگر سنجیدگی کی طرف مائل ہو جاتا تو بہت سے شاعروں کا پتہ نہ چلتا کہ کیا ہوئے۔ نقاد اس قیامت کا کہ بڑے بڑے لوہا مانتے ہیں۔ حضرت جوش ملیح آبادی کے پہلے دیوان کے مقدّمہ نگار رفیع احمد خاں ہی ہیں۔

زندگی کا صرف ایک اصول ہے یعنی بے اصولی۔ نہ کوئی سونے کا وقت، نہ بیداری کا کوئی پروگرام۔ تاش کھیلنے بیٹھے تو دو دو دن شب و روز جمے ہوئے ہیں۔ پیر میں گاؤٹ کا درد ہے، کباب کھا رہے ہیں اور تاش بانٹ رہے ہیں۔ بخار میں ہانپ رہے ہیں مگر مصرع طرح دے دیجئے : پھر دیکھئے انداز گل افشانی گفتار

ایک ایک قہقہ بر دوش۔ توبہ کرا دینے والا شعر استادی کے سانچے میں ڈھلا ہوا سننے کو مل جائے گا۔ یہ اشعار کہیں لکھے نہیں جاتے، نہ چھپ سکتے ہیں، نہ با تکلف لوگوں کو سنائے جاسکتے ہیں۔ مگر علم سینہ بن کر حافظوں میں محفوظ رہ جاتے ہیں اور بڑے بڑے شاعر ان ہی شرمناک اشعار کو اپنے نام سے منسوب کر کے لوگوں کو سناتے ہوئے ذرا بھی شرم محسوس نہیں کرتے۔

میں ان کا عزیز ترین دوست ہوں، بے حد گستاخ اور بے حد بے تکلف۔ لوگ کہتے ہیں کہ رفیع احمد خاں کی نکیل شوکت کے ہاتھ میں ہے اور رفیع احمد خاں خود فرماتے ہیں کہ میرے کلام کی سب سے زیادہ تشہیر شوکت نے کی ہے۔ میں نے ان سے بارہا کہا ہے کہ تم آخر سنجیدگی کے ساتھ شاعری کی طرف توجہ کیوں نہیں کرتے۔ جواب ہمیشہ یہی ملتا ہے کہ جس کو تم سب غیر سنجیدگی کہہ رہے ہو میرے نزدیک وہی سنجیدگی ہے۔ میں شعر میں

دل اور جگر کہہ کر جھوٹ بولنا نہیں چاہتا۔ ان پردوں کی میری رائے میں کوئی ضرورت نہیں ہے۔ بات کھری کھری کیوں نہ کہی جائے۔ ان کو امید ہے کہ وہ دن قریب ہے جب ان کا کلام کورس کی کتابوں میں شامل ہو کر داخل نصاب ہو جائے گا۔

بذلہ سنجی اور حاضر جوابی میں ان کو مات کھاتے ہوئے میں نے کبھی نہیں دیکھا۔ نہایت متین چہرہ بنا کر ایسی بات کہہ دیتے ہیں کہ دھوتے دھوتے نہ چھوٹے۔ کیسی ہی تکلیف ہو، دل پر جو عالم بھی گذر رہا ہو مگر رفیع احمد خاں کی زندگی پر مردنی کبھی نہیں چھا سکتی۔ حال ہی میں آپ کی ان خالہ صاحبہ محترمہ کا انتقال ہوا جنہوں نے اولاد کی طرح آپ کو پالا تھا۔ مجھے اطلاع ہوئی، میں جنازہ میں شرکت کے لئے فوراً پہنچا۔ رفیع احمد خاں خلاف معمول چہرہ لٹکائے نظر آئے مگر مجھے دیکھتے ہی علیحدہ لے گئے اور ہاتھ جوڑ کر کہا، بھائی اس مصیبت کے وقت ایک احسان مجھ پر یہ کرو کہ تم فوراً یہاں سے چلے جاؤ۔ میں حیران تھا کہ کیا ماجرا ہے۔ کہنے لگے، خدا کی قسم ہنسی آجائے گی اور لوگ کہیں گے کہ دیکھو اس درندے کو کہ موت پر ہنس رہا ہے۔ پھر میں نے لاکھ لاکھ نہ ہنسنے کا وعدہ کیا۔ مگر توبہ کیجئے، جب تک مجھ کو وہاں سے واپس نہیں کیا برابر میرے سر رہے کہ خدا کے لئے چلے جاؤ یا میں خود کہیں چلا جاتا ہوں۔

کافی عمر آچکی ہے۔ بظاہر صاحب اولاد نہیں ہیں لیکن اس کا بھی غم نہیں۔ کہتے ہیں کہ خدا ایک در بند کرتا ہے تو ہزار کھول دیتا ہے۔ بیماریوں نے قبل از وقت بوڑھا ضرور کر دیا ہے مگر پوپلے منھ میں قہقہوں اور تبسموں کی آج بھی کوئی کمی نہیں۔ کیا کوئی نوجوان اس قدر زندہ ہوگا جس قدر یہ جوانی کی حدوں سے گذرا ہوا انسان زندہ اور شگفتہ ہے۔

واقع ہوئے ہیں آپ پٹھان، مگر طبیعت پائی ہے لطافت پسند۔ پٹھنوری کا یہ عالم ہے کہ چاقو سے لے کر بندوق تک سب ہی کچھ رکھتے ہیں اور لطافت پسندی کی انتہا یہ کہ پٹھان

ہوتے ہوئے بھی بغیر خلال کئے گوشت نہیں کھا سکتے۔ دسترخوان پر خلالوں کا ڈبہ ہونا ضروری ہے۔ شکار سے بھی شوق ہے اور شاعری سے بھی، پھر بھی بیکار آدمیوں میں نہیں ہیں۔ بلکہ ذمہ داریاں تو اتنی اوڑھ رکھی ہیں کہ ایمانداری کے ساتھ کوئی وعدہ کرنے کے باوجود اپنے فرائض کی کثرت میں گم ہو کر ایفا کو بھول جانے پر مجبور ہو جاتے ہیں۔ مثلاً وعدہ ہے کہ شام کو پانچ بجے کسی پارٹی میں ساتھ ہی چلیں گے۔ تیسرے دن پتہ یہ چلے گا کہ خلق اقد کو فائدہ پہنچانے کے لئے آپ شکار پر چلے گئے تھے۔ اور وہاں چونکہ شکار نہیں ملا، لہٰذا تاش کا کوئی ایسا کھیل شروع ہو گیا جو آج تیسرے دن ختم ہوا ہے۔ اب بتایئے کہ ان کے فرائض کا کیا علاج ہے اور وعدہ خلافی میں خاں صاحب کا کیا قصور ہو سکتا ہے۔ جو دوست ہیں وہ اس جادوگر سے لڑ نہیں سکتے، روٹھ نہیں سکتے، بائکاٹ نہیں کر سکتے۔ پکا ارادہ کر لیا ہے کہ اب خاں صاحب کی نازبرداری ختم۔ وہ ہماری پروا نہیں کرتے تو ہم ان کی کیوں پروا کریں۔ اُن کی طرف جائیں گے تو بھی ان کے گھر کا رخ نہیں کریں گے۔ ان کے سلام کا جواب تک نہ دیں گے۔ ارادہ کر ہی رہے تھے کہ دیکھتے کیا ہیں کہ سامنے سے خاں صاحب چلے آرہے ہیں۔ اڑا۔۔۔ڑا۔۔۔ڑا۔۔۔ دھم!

سارا قلعہ مسمار ہو گیا۔ دوڑ کر لپٹ گئے۔ پھر وہی ہاہا ہوہو۔ قہقہے لگ رہے ہیں، قوالیاں ہو رہی ہیں۔ پکّے گانے گائے جا رہے ہیں، کچے شعر پڑھے جا رہے ہیں۔ نقلیں ہو رہی ہیں کہ یکایک کوئی صاحب تشریف لائے۔ خاں صاحب سے کسی علمی مَسْئَلہ پر تبادلہ خیال کرنے۔ خاں صاحب ایک دم ٹھوس علمی آدمی بن گئے۔ ان کے جاتے ہی پھر منھ سے پھول اور چہرہ سے ٹھیکرے برسنے لگے۔ ایک مستقل انجمن، ایک سراپا مسرت۔ ایک مجسم زندگی، ایک مسلسل ہنگامہ۔ کاش ایسے لوگ دنیا میں چند اور بھی ہوتے۔

***

عبد المجید سالک

شورش کاشمیری

ہوش کی آنکھ کھولی تو گھر بھر میں مولانا ظفر علی خاں کا چرچا تھا۔ "زمیندار" کی بدولت خاص قسم کے الفاظ زبان پر چڑھے ہوئے تھے۔ انہی الفاظ میں ایک ٹوڈی کا لفظ بھی تھا۔ زمیندار نے اس کو خالص وسعت دے دی تھی کہ مولانا ظفر علی خاں کے الفاظ میں راس کماری سے لے کر سری نگر تک، سلہٹ سے لے کر خیبر تک اس لفظ کا غلغلہ مچا ہوا تھا، جس شخص کا ناطہ بلاواسطہ یا بالواسطہ برطانوی حکومت سے استوار تھا وہ فی الجملہ ٹوڈی تھا۔ اس زمانہ میں ہمیں سیاسیات کے پیچ و ختم سے زیادہ واقفیت نہ تھی ہم نے ٹوڈی کے مفہوم کو اور بھی محدود کر رکھا تھا، وہ تمام لوگ جو مولانا ظفر علی خاں کے مخالف تھے یا جنھیں مولانا سے اختلاف تھا ہمارے نزدیک ٹوڈی تھے۔

اب چوں کہ انقلاب کے دونوں مدیر (مہر و سالک) زمیندار کے مقابلہ میں تھے اور مولانا سے کٹ کے انقلاب نکالا تھا، لہٰذا ہمارے نزدیک ان کا عرف یا تخلص بھی ٹوڈی تھا۔ پھر یہ ہفتوں یا مہینوں کی بات نہ تھی، برسوں تک یہی خیال ذہن پر نقش رہا حتی کہ ایک دہائی بیت گئی۔ دوسری دہائی کے شروع میں یہ لفظ کسی حد تک کچلا گیا اور اس کی جگہ بعض مستور الفاظ رواج پا گئے، مثلاً رجعت پسند، کاسہ لیس وغیرہ ان الفاظ میں دشنام کی بدمزگی تو نہ تھی لیکن حقارت کا مخفی اظہار ضرور تھا۔ بالآخر ان ہجو یہ الفاظ کا زور بھی ٹوٹ

گیا۔ یہ تمام الفاظ پھلجڑی کا سا سماں باندھ کر ٹھنڈے پڑ گئے۔ جن تحریکوں کے ساتھ ان کا شباب تھا ان کے ختم ہوتے ہی ان کی رونق بھی مرجھا گئی اور ان کا تذکرہ سیاسی افکار کے عجائب گھروں کی زینت ہو گیا۔

اس دوران سالک صاحب سے کئی ایک ملاقاتیں ہوئیں، دفتر زمیندار ہی میں ان سے تعارف ہوا لیکن اس تعارف سے صرف علیک سلیک کا راستہ کھلا۔ وہ اپنی ذات میں مستغرق تھے ہم اپنے خیال میں منہمک، تاثر یہی رہا کہ سالک صاحب ٹوڈی اور انقلاب ٹوڈی بچہ ہے۔

سالک صاحب ہمیں کیا رسید دیتے وہ بڑے بڑوں کو خاطر میں نہ لاتے تھے۔ ادھر زمیندار نے ہمیں یہاں تک فریفتہ کر رکھا تھا کہ انقلاب کو ہم نے خود ہی ممنوع قرار دے لیا تھا۔ پانچ سات برس اسی میں نکل گئے۔ دوسری جنگ عظیم شروع ہوئی تو لمبی لمبی قیدوں کا سلسلہ شروع ہو گیا۔ ہم کوئی دس گیارہ نوجوان منٹگمری سنٹرل جیل میں رکھے گئے۔ سخت قسم کی تنہائی میں دن گزارنا مشکل تھا، قرطاس و قلم موقوف، کتب و رسائل پر قدغن، جرائد و صحائف پر احتساب، یہاں تک کہ عزیزوں کے خط بھی روک لیے جاتے۔ وحشت ناک تنہائی کا زمانہ۔ جیل کے افسروں سے بارہا مطالبہ کیا کہ اخبار مہیا کریں لیکن ہر استدعا مسترد ہوتی رہی۔ جب پانی سر سے گزر گیا تو ہم نے بھوک ہڑتال کر دی، نتیجتاً حکومت کو جھکنا پڑا۔ "سول" اور "انقلاب" ملنے لگے۔ ہمارے وارڈ کا انچارج ایک مذہبی سکھ سردار شیر سنگھ تھا، کالا بھجنگ، بدہیئت اور بدرو۔ قیدیوں کو ستانے میں اسے خاص لطف محسوس ہوتا، یہی اس کی خصوصیت تھی۔ چوں کہ اخبار اس کی مرضی کے خلاف ملے تھے اور اسے سنسر کرنے کا اختیار تھا لہٰذا ہر روز اخبار کے مختلف صفحے قینچی سے اس طرح کاٹتا کہ سارا اخبار بے مزہ ہو جاتا، سیاسی خبریں تو بالکل ہی کٹ کے آتی تھیں۔ یہی

زمانہ تھا جب افکار و حوادث سے روز مرہ کی دلچسپی پیدا ہوئی۔ شیر سنگ کو پتہ چلا کہ افکار و حوادث باجماعت پڑھے اور سنے جاتے ہیں تو اس نے افکار و حوادث کاٹنا شروع کیے۔ پہلے دن ہمارا خیال تھا کہ کوئی سیاسی خبر کاٹی ہوگی۔ جب ہر روز قینچی چلنے لگی تو ہم نے شیر سنگھ کو متوجہ کیا، وہ معمول کے مطابق طرح دے گیا۔ ہم نے احتجاج کیا اس کا بھی اس پر کوئی اثر نہ ہوا، ہم نے بھوک ہڑتال کی دھمکی دی، وہ مسکرا کے ٹال گیا۔ آخر کار بھوک ہڑتال کی نیو اٹھائی تو وہ اگلے ہی روز پسپا ہو گیا۔ افکار و حوادث مقراض سے محفوظ ہو گئے۔ بظاہر یہ ایک لطیفہ تھا کہ جس اخبار کو ہم سرکاری مناد سمجھتے اور جس کالم میں قومی تحریکوں یا قومی شخصیتوں پر سب سے زیادہ پھبتیاں کسی جاتی تھیں ہم نے اسے بھوک ہڑتال کر کے حاصل کیا۔

غرض افکار و حوادث کی ادبی دلکشی کا یہ عالم تھا کہ ہم اس کی چوٹیں سہہ کر لطف محسوس کرتے۔ سیاسی تاثر تو ہمارا وہی رہا جو پہلے دن سے تھا، لیکن اس کی ادبی وجاہت کے شیفتہ ہو گئے۔ مہر صاحب کے اداریے ایک خاص رنگ میں ڈھلے ہوتے، ان میں تحریر کی دلکشی اور استدلال کی خوبی دونوں کا امتزاج تھا۔ سالک صاحب افکار و حوادث میں مطائبات کی چاشنی اور طنزیات کی شیرینی اس طرح سموتے تھے۔ جی باغ باغ ہو جاتا، محسوس ہوتا گویا ہم میکدے میں ہیں کہ رندانِ درد آشام تلخ کام ہو کر بھی خوش کام ہو رہے ہیں۔

ساتھیوں کا ایک مخصوص گروہ تھا، جس میں جنگ کی وسعتوں اور شدتوں کے باعث اضافہ ہوتا رہا۔ میں منٹگمری سنٹرل جیل سے تبدیل ہو کر لاہور سنٹرل جیل میں آگیا تو پہلا مسئلہ انقلاب ہی کے حصول کا تھا۔ سید امیر شاہ (جیلر) کی بدولت فوراً ہی انتظام ہو گیا۔ غرض قید کا یہ سارا زمانہ انقلاب سے آشنائی میں کٹ گیا۔ رہا ہوا تو سالک صاحب

سے ان کے دفتر میں جا کے ملا۔ مہر صاحب اس وقت موجود نہیں تھے۔ ان سے کھلا ڈلا تعارف تھا، سالک صاحب تپاک سے ملے۔ یہ سن کر انھیں تعجب ہوا کہ پانچ سال قید کٹوانے کے باوجود سرکار نے مجھے تھانہ انار کلی کے حدود میں نظر بند کر دیا اور تحریر و تقریر پر پابندی کا۔۔۔ہے۔ انھوں نے اگلے ہی روز شذرہ لکھا جس میں حکومت کو مشورہ دیا کہ ان ناروا پابندیوں کو واپس لے لے، گھنٹہ ڈیڑھ گھنٹہ کی اس ملاقات میں وہ پھلجڑیاں چھوڑتے رہے۔ باتوں کو سنوارنا، گفتگو کو تراشنا، ان سے لطائف نکالنا ان کی طبیعت کا وصف خاص تھا۔ اس معاملہ میں ان کی تقریر، تحریر سے زیادہ دلفریب ہوتی۔ انسان اکتاتا ہی نہیں تھا۔ ایک آدھ دفعہ پہلے بھی یہ مشورہ دے چکے تھے اور اب کے بھی یہی زور دیتے رہے کہ سیاسیات میں اپنے آپ کو ضائع نہ کرو، صلاحیتوں سے فائدہ اٹھاؤ اور کتاب و قلم کے ہو جاؤ۔ اب جو ان سے تعلقات بڑھنے لگے تو دنوں ہی میں بڑھ کے وسیع ہو گئے۔ یہ زمانہ انگریزی حکومت کے ہندوستان سے رخصت ہونے کا تھا۔ برطانوی سرکار کے آخری دو سال تھے۔ احرار سے روزنامہ "آزاد" نکال رکھا تھا، "انقلاب" پنجاب کے مسلم لیگی لیڈروں کی مرضی کے مطابق نہ تھا۔ لہٰذا معتوب تھا۔

تمام ملک میں فساد و انتشار سے آگ لگی ہوئی تھی۔ اس افراتفری کے دنوں ہی میں سالک صاحب سے ملاقات کے مزید راستے کھلے۔ خلوت و جلوت میں ان کا اندازہ ہونے لگا۔ سیاسیات سے قطع نظر یہ بات ذہن میں آگئی کہ وہ ہمارے مفروضہ سے مختلف انسان ہیں بلکہ خوب انسان ہیں۔ یہ بات بری طرح محسوس ہوئی کہ بعض لوگ مستعار عصبیتوں کی وجہ سے بدنام ہوتے ہیں۔ اور انسان بلا تجربہ اپنے دماغ میں مفروضے قائم کرکے انھیں حقیقتیں بنا دیتا ہے لیکن جب یہی لوگ تجربہ یا مشاہدہ میں آتے ہیں تو معلوم ہوتا ہے کہ پاسنگ کا سونا ہیں۔ اس کے برعکس بہت سے لوگ تجربہ و مشاہدہ میں آنے کے بعد دور

کاڈھول نکلتے ہیں، ان کی ہم صحبتی ان کے خط وخال کو آشکار کر دیتی ہے۔

سالک صاحب کو مستعار عصبیتوں سے دیکھا تو ان کی شگفتہ تصویر نہ بن سکی، یہی باور کیا کہ خوان استعمار کے زلّہ ربا ہیں۔ قریب سے دیکھا تو ایک روشن تصویر نکلے۔ سید عطااللہ شاہ بخاری فسادات میں امرتسر کے طوفانوں سے نکل کر لاہور میں تھے۔ انھوں نے اس تصویر کو اور بھی چمکا دیا۔

ذکر اس پری وش کا اور پھر بیاں اپنا

انھیں سالک سے ملے ہوئے کئی برس ہو چکے تھے۔ لاہور میں ان کے قیام کی بدولت دفتر احرار میں میلہ سا لگا رہا، یہ سلسلہ کوئی ڈیڑھ برس جاری رہا۔ اس سارے عرصہ میں سالک صاحب کا ذکر بھی کئی دفعہ آیا بلکہ آتا ہی رہا۔ شاہ جی ان سے کھچے ہوئے تھے لیکن ان کی تعریف کرتے اور اس تعریف میں یہاں تک فیاض تھے کہ سالک کی قسمیں کھاتے۔ مثلاً فرماتے کہ اس کی جوانی بے داغ رہی ہے، وہ ایک شریف انسان ہے، اس میں ایک ادیب کا حسن ہے، اس کو اخبار نویسی کے داؤ پیچ آتے ہیں، وہ قابل اعتماد دوست ہے، وہ دغاباز نہیں، اس کے نفس نے کبھی خیانت نہیں کی وغیرہ۔ اور جب ان سے کوئی شخص یہ کہتا کہ آپ نے ان کے ساتھ اتنے برس سے بول چال کیوں بند کر رکھی ہے تو شاہ جی آبدیدہ ہو جاتے، فرماتے۔ میں نے تعلقات کا انقطاع نہیں کیا، اس نے خود کنارا کیا ہے۔

اور جب یہ عرض کرتے کہ آپس میں صلح صفائی کر لیجیے تو ذرا ترش ہو جاتے۔ فرماتے، جی نہیں، میں اس سے قیامت تک نہیں بولوں گا۔ اس نے میرا دل دکھایا ہے، میں اس کو کیوں کر معاف کر سکتا ہوں، مجھے اس کے بچھڑ جانے کا قلق ہے، قلم سے جو نشتر اس نے لگائے ہیں دل کا ناسور ہیں، یہ اسی کا بویا ہوا ہے جو ہم کاٹ رہے ہیں اور وہ خود

بھی کاٹ رہا ہے۔ سالک صاحب سے تذکرہ ہوتا کہ شاہ جی آپ کے بارے میں یہ کہتے ہیں تو وہ بھی خفی خواہش کو دبا جاتے۔ فرماتے کہ شاہ جی تو بچوں کی سی باتیں کرتے ہیں بھلا یہ عمراب طعنے مہینوں کی ہے۔ دونوں طرف دلوں میں صلح صفائی کی امنگ موجود تھی۔ لیکن دونوں کو بارش کے پہلے قطرے کا انتظار تھا۔ آخر ایک روز بر کھا ہو گئی۔ صوفی غلام مصطفیٰ تبسم نے شاہ جی کو دفتر احرار سے اٹھایا اور احمد شاہ بخاری (پطرس مرحوم) کی کوٹھی پر لے گئے، وہاں سالک صاحب پہلے سے موجود تھے۔ صورت حال یہ تھی۔

وہ ہم سے خفا ہیں ہم ان سے خفا ہیں

مگر بات کرنے کو جی چاہتا ہے

نظریں چار ہوئیں، سارا گلہ جاتا رہا، شام گلچھپ میں کٹ گئی۔ رات بھر پطرس، سالک، تبسم اور شاہ لاہور کی سڑکوں پر آوارہ پھرتے رہے۔ شاہ جی اور سالک دونوں خوش آواز تھے۔ شاہ جی حافظ کی اس غزل کا مصرع اولیٰ اٹھاتے، سالک مصرع ثانی۔ اسی میں نصف رات کٹ گئی۔

دریں زمانہ رفیقے کہ خالی از خلل است

صراحی مے تاب و سفینۂ غزل است

شاہ جی خود راوی تھے کہ اس رات ہم نے اپنی شخصیتوں کو اپنے وجود سے خارج کر دیا تھا۔ اکثر راہ گیروں کو حیرت ہوتی کہ شرفا قسم لوگ موٹر میں اس طرح ٹاپتے پھر رہے ہیں۔ غرض شاہ جی اور سالک صاحب اس مراجعت اور مفاہمت سے بے حد خوش تھے۔ پاکستان اور ہندوستان آباد ہو گئے تو انقلاب عارضی طور پر بند ہو گیا۔ شاہ جی لاہور سے اٹھ کر مظفر گڑھ چلے گئے۔ میں نے "آزاد" جاری رکھنا چاہا لیکن پر ایا پنچھی تھا پھر سے اڑ گیا۔ 'چٹان' کا ڈیکلریشن لے چکا تھا، اس کو جاری کرنے کا ارادہ کیا۔ احرار کے دفتر سے

چوٹ کھا کر ویرا ہو ٹل میں آ گیا۔ چٹان نکالا، سالک صاحب بے حد خوش ہوئے خیر مقدم کا ایک دلآویز خط لکھا جو پہلے شمارہ میں شائع ہوا۔ حالات معمول پر آ گئے تو انقلاب دوبارہ جاری کرنے کا قصہ کیا۔ انقلاب کا اپنا دفتر فسادات کی وجہ سے تباہ ہو چکا تھا۔ انھیں دفتر کی تلاش تھی، میں نے اپنے دفتر کا ایک بڑا حصہ انھیں دے دیا اور وہ اس میں فروکش ہو گئے۔ انقلاب دوبارہ جاری ہوا لیکن زمانہ موافق حال نہ تھا، سال چھ مہینے بعد بند ہو گیا، سالک صاحب اس زمانہ میں خاصے پریشان تھے، تاہم ان کا فقر استغنا حیرت انگیز تھا۔ اپنے چہرے مہرے سے کبھی پریشانی کا اظہار نہ کیا۔ یہی دن تھے جب ان سے تعلقات اور بھی گہرے ہو گئے۔ مجید ملک ان دونوں مرکزی حکومت میں پرنسپل انفرمیشن آفیسر تھے۔ خواجہ ناظم الدین کی وزارت کا زمانہ تھا، ان کی تقاریر لکھنے کے لیے مجید ملک نے سالک صاحب کو کراچی بلا لیا اور وہاں اٹھارہ سو روپے ماہوار پر یہ خدمت سونپ دی۔ سالک صاحب وہاں تین چار سال رہے، سارا عرصہ ان سے خط و کتابت کا تانتا بندھا رہا۔ میں خط لکھنے میں ذرا سست تھا، وہ خط لکھتے اور اتنے پیارے خط لکھتے کہ سطر سطر سے اس کی شخصیت پھوٹی پڑتی۔ اس سارے عرصہ میں انھوں نے کوئی دو سو خط لکھیں ہوں گے، پھر ۱۹۵۱ء سے یہ شعار بنا لیا تھا کہ ہر سال کے پہلے شمارے میں چٹان کا افتتاحیہ لکھتے۔ اس اداریہ میں اتنی حوصلہ افروز اور نکتہ آفریں باتیں ہوتیں کہ ہم میں خود اعتمادی پیدا ہوتی۔ وہ بڑ کا درخت نہ تھے کہ اس کے سایہ میں کوئی پودا ہی نہیں کھلتا، وہ سورج اور ہوا کی طرح مہربان تھے۔ دوسروں کا دل بڑھانا بالخصوص نوجوانوں کو اچھالنا اور اجالنا ان کی طبیعت کا خاصہ تھا، ہر شخص کے کام آنا ان کی فطرت ثانیہ تھی، ہر ضرورت مند کی سفارش کرتے اور اس میں کوئی عیب نہ سمجھتے تھے۔ ان کا خیال یہ تھا کہ سفارش تعلقات کی زکوٰۃ ہوتی ہے۔ وہ یہ نہیں مانتے تھے کہ سفارش کرنے سے سرکاری فرائض مجروح ہوتے ہیں۔ ان کا

نقطہ نگاہ یہ تھا کہ اس نظام اور اس معاشرہ میں سفارش کرنا انصاف اور حق کی دستگیری کرنا ہے۔ جب تک ضرورت مند کا کام نہ ہوتا انھیں بے چینی رہتی۔ کراچی سے مجھے ایک خط لکھا کہ فلاں شخص تمھارے پاس آرہا ہے اسے فلاں شخص سے کام ہے، میں خود آنہیں سکتا سفارش کا کام میں نے اپنے دو خلیفوں کے سپرد کر دیا ہے۔ لاہور کے خلیفہ تم ہو اور کراچی کے مجید لاہوری۔ اس شخص کے ساتھ جاکر پرزور سفارش کردو، رتی برابر تساہل نہ ہو، یہ ہر طرح سفارش کے مستحق ہیں۔ میں سال ششماہی کراچی جاتا تو میری خاطر دوستوں کو کھانے پر مدعو کرتے۔ ایک دفعہ نگار ہوٹل میں پر تکلف عشائیہ دیا، میں نے لاہور واپس آکر خط لکھا کہ اس تکلف کی ضرورت کیا تھی، بزرگوں سے خوردوں کی نسبت ہی بڑی شے ہے۔ فوراً خط آیا کہ اس کی ضرورت تھی، تمھارے متعلق یار لوگوں نے بہت کچھ کہہ سن رکھا تھا۔ دفتر چٹان کی عمارت میں انقلاب کا دفتر کھلا تو بعض نے خوف زدہ کرنا چاہا کہ بے ڈھب آدمی کے ساتھ گزارہ مشکل سے ہوگا لیکن جو کچھ میں نے دیکھا اور جو کچھ میں نے پایا اس سے میرے دل میں تمھارے لیے محبت اور عزت پیدا ہوگئی ہے۔ وہ لوگ تمھیں درشت کہتے تھے، میں نے تمھیں ایک جاں نثار دوست پایا، جو سلوک تم نے انقلاب کے ساتھ کیا اس احسان سے میرا بال بال بندھا ہوا ہے۔

خط پڑھتے ہی مجھے محسوس ہوا کہ ان کے لفظوں میں ایک ایسا انسان بسا ہوا ہے جس کی فطرت سلیم اور روح عظیم ہے۔ معاملہ اس سے زیادہ کچھ نہیں تھا کہ میں نے ان سے کرایہ نہیں لیا تھا یا ایک دو مہینے بجلی کا بل اور فون کا کرایہ ادا کر دیا تھا۔ لیکن سالک صاحب ہمیشہ کے لیے رطب اللسان ہوگئے۔ مجھے اسی طرح عزیز رکھتے جس طرح اپنے دوسرے عزیزوں سے انھیں تعلق خاطر تھا۔ دولتانہ وزارت نے چٹان بند کیا تو وہ سخت مضطرب ہوئے۔ اپنے طور پر انھوں نے کوشش بھی کی کہ بندش دور ہو جائے لیکن ان کی پیش نہ

گئی۔ خواجہ شہاب الدین ان دنوں وزیر داخلہ تھے، ان سے کہا لیکن وہ بھی چٹان سے کچھ زیادہ خوش نہ تھے۔ قصہ کو تاہ بیل منڈھے نہ چڑھی۔ چٹان سال بھر بند رہا، دوبارہ نکلا تو افتتاحیہ لکھا اور اس ٹھاٹھ سے لکھا کہ ادب و انشاء کا مزہ آ گیا۔ اس اثنا میں جب کبھی لاہور آتے دفتر چٹان میں ضرور تشریف لاتے۔ فرماتے، گھر سے نکلتا ہوں تو صرف چٹان کے لیے یا راستہ میں مرزا محمد حسین سے مل لیتا ہوں۔ غرض لاہور میں ہوتے تو دفتر چٹان میں التزاماً آتے، شاذ ہی ناغہ کرتے۔ یہ ان کا معمول تھا۔ کئی کئی گھنٹے نشست ہوتی۔ ابو صالح اصلاحی ہر موضوع پر بے تکان بولتے تھے۔ ان سے دن بھر گپ شپ رہتی۔ میں ایک روز کسی رومانی دلچسپی میں غائب ہو گیا تو گلہ کیا اور میرے اباجی سے کہہ گئے کہ میں صرف اس کے لیے آتا ہوں اور یہ محفل کی محفل ایک گرہ طلب مصرع پر قربان کر گیا ہے۔ اگلے روز کراچی گئے، ایک پہلو دار خط لکھا کہ عشق رسوا ہو جائے تو عشق نہیں رہتا، عیاشی ہو جاتا ہے۔

وہ بڑوں کی طرح چھوٹوں کو ان کی غلطیوں پر لتاڑتے یا جھاڑتے نہیں تھے، نہ ان کے کان کھینچتے اور نہ ان پر وعظ و نصیحت کا بوجھ لادتے۔ ہنسی مذاق میں اصلاح کرتے، دوستوں کی طرح توجہ دلاتے۔ اور بزرگوں کی طرح نقش جماتے تھے۔ ان کی چال ڈھال یا بات چیت سے کبھی یہ احساس نہ ہوتا کہ وہ کوئی سرزنش کر رہے ہیں۔ یا ان کے سامنے کوئی مطالبہ ہے۔ ان کا ایک خاص اندازہ تھا جو انھیں کے لیے مخصوص تھا۔ وہ سب کے لیے یکساں لب و لہجہ رکھتے۔ حفظ مراتب تو بہر حال ہوتا ہی ہے لیکن جہاں تک کسی سے مخاطب ہونے، اس کی سننے، اپنی سنانے اور باہمی مبادلہ افکار کا تعلق تھا وہ خورد و کلاں سب کی عزت نفس کا احترام کرتے تھے۔ البتہ زبان کے معاملہ میں کسی سے خم نہ کھاتے۔ خود اہل زبان ان سے خم کھاتے تھے۔ ان میں اَنا ضرور تھی اور ایگو کا یہ اظہار ہر فن کار یا قلم

کار میں ہوتا ہے لیکن دوسروں کے جذبات مجروح کرنے کا تصور بھی ان کے ہاں نہیں تھا۔ وہ اس طرح سوچ ہی نہیں سکتے تھے۔ انھوں نے ایک ہی فن سیکھا تھا، کہ دوسروں کا حوصلہ کیوں کر بڑھایا جاتا ہے۔ پختہ مشق ادباء و شعراء سے لے کر ناپختہ کار ادباء و شعراء اکثر و بیشتر ان کے پاس آتے وہ کسی کی حوصلہ شکنی نہ کرتے۔ ہر شخص کی استعداد کا خیال رکھتے اور شوق بڑھاتے تھے۔ ان کا فیض صحبت عام رہا۔ پطرس مرحوم ان سے مستفید ہوتے رہے، تاثیر مرحوم نے بھی استفادہ کیا، امتیاز علی تاج نے بھی فیض اٹھایا، احمد ندیم قاسمی ان کے شاگرد ہیں۔ قاسمی ان پر نازاں، سالک کو ان پر فخر، مجید لاہوری کو بھی انہیں سے تلمذ تھا۔ دونوں ایک دوسرے پر ناز کرتے تھے۔ "نیاز مندان لاہور" کا سارا حلقہ ان کا گرویدہ رہا تاہم یہ کوئی مجلس یا حلقہ نہ تھا۔ خود ایک مضمون میں جو انھوں نے حلقہ ارباب ذوق میں پڑھا تھا، اس حلقہ پر روشنی ڈالتے ہوئے لکھا ہے کہ آج کل نوجوان ہر چار یاری کو ایک تحریک بنالیتے اور اس پر خیالات کے تانے بانے بنتے ہیں۔ نیاز مندان لاہور کا اور چھور صرف یہ تھا کہ عبدالرحمن چغتائی نے لاہور سے ایک سالنامہ "کارواں" نکالا جو اپنی خصوصیتوں کے اعتبار سے منفرد تھا۔ اس میں اہل زبان کی مدارات کے لیے نیاز مندان لاہور کے نام سے دو ایک مضمون لکھے گئے۔ جمنا پار کے بعض اہل قلم کا شیوہ تھا کہ وہ پنجاب کے ادیبوں اور شاعروں کی زبان پر ناک بھوں چڑھاتے۔ پطرس، سالک، تاثیر اور مجید ملک نے مل جل کر ان کا جواب دینا شروع کیا۔ سالک صاحب کی اپنی روایت کے مطابق نیاز مندان لاہور ان چاروں احباب کا مشترکہ نام تھا، جو کچھ کہنا ہوتا باہم صلاح مشورہ کر لیتے۔ پطرس مضمون لکھتے آپس میں غور کیا جاتا، اس کے بعد مضمون چھپ جاتا۔ غرض ان مضمونوں کی خاصی شہرت ہوگئی۔ یہ گویا پہلا تابڑ توڑ حملہ تھا جو راوی و چناب کے اہل قلم نے گنگا و جمنا کے اہلِ قلم پر کیا۔ ان مضامین میں معذرت کا

انداز تھا ہی نہیں۔ اس سے پہلے اہلِ زبان پنجاب کے اہلِ قلم پر حملہ کرتے تو یہاں کے لوگ مسخر و معروب ہو جاتے یا پھر ایک ہی چارہ تھا کہ مدافعت میں سند وجواز لائیں یا اہلِ زبان جو کچھ کہہ رہے ہیں اس کے سامنے سر جھکا دیں۔

نیاز مندان لاہور کے ان مقالوں کا ردعمل یہ ہوا کہ روبرو بات کرنے کی گنجائش پیدا ہو گئی۔ اہل زبان کو بھی کان ہو گئے، برتری کا غرور جاتا رہا، محض اہل زبان ہونا فضیلت کا باعث نہ رہا۔ نتیجتاً تو تکار بھی زیادہ عرصہ نہ رہی اور نہ اس طرف کے سنجیدہ اہلِ قلم نے اس میں حصہ لیا۔ سالک صاحب نے اسی مضمون میں لکھا ہے کہ اس کو تحریک کہنا یا کسی باقاعدہ حلقے سے منسوب کرنا صحیح نہیں اور نہ کبھی اس انداز میں سوچا ہی گیا۔ اب جو لوگ نیاز مندان لاہور میں شریک ہوتے ہیں وہ پطرس، سالک، تاثیر اور مجید ملک کے دوست ضرور تھے لیکن نیاز مندان لاہور کے شریک قلم نہ تھے۔ مثلاً صوفی غلام مصطفیٰ تبسم، حفیظ جالندھری اور امتیاز علی تاج ایک دوسرے پر جان چھڑکتے تھے، تاثیر مرحوم ان دنوں اسلامیہ کالج لاہور میں استاد تھے، انھوں نے اپنے گرد خوش ذوق شاگردوں کا ایک حلقہ جمع کیا ہوا تھا جس میں محمود نظامی اور حمید نسیم کو خصوصیت حاصل تھی۔ اس سارے گروہ نے عہد کر رکھا تھا کہ ادب و شعر میں جو کچھ ہے انہی کے دم قدم سے ہے۔ پنجاب میں ان سے باہر کچھ نہیں۔ سالک صاحب ان کے پیر و مرشد تھے۔ اس حلقہ نے (یا نیاز مندان لاہور ہی کہہ لیجیے) یکے بعد دیگرے چار محاذوں پر جنگ چھیڑی، راوی پار سے جمنا پار پر حملہ ترکانہ ان کا دوسرا مورچہ تھا۔ اس سے پہلے یہ لوگ علامہ سیماب اکبر آبادی کو لاہور سے بھگا چکے تھے۔ سیماب مرحوم اپنے چہیتے ساغر نظامی کے ساتھ لاہور میں وارد ہوئے اور یہاں ٹکنا چاہا۔ مشاعروں میں جھڑپیں ہوئیں جس سے باقاعدہ محاذ کھل گیا۔ سیماب نے ہر چند مقابلہ کرنا چاہا اور کچھ دنوں خم ٹھونک کی، ڈٹے

رہے لیکن بالآخر پسپا ہو کر بھاگ گئے۔ سیماب سے تکرار کی ایک وجہ ساغر نظامی بھی تھے۔ ان دنوں ساغر خود ایک غزل تھے۔ سیماب ان کے بغیر جی نہیں سکتے تھے۔ اپنے کلام کا بڑا حصہ ان کے حوالے کر دیا۔ ساغر بلا کے خوش آواز تھے۔ سرخ و سپید رنگ، بوٹا ساقد، سر تا قدم ادا ہی ادا۔ مشاعرہ پڑھتے تو سامعین کو بہا کے جاتے۔ نیاز مندان لاہور کے واحد شاعر حفیظ جالندھری تھے۔ وہ شکل وصورت کے اعتبار سے تو واجبی تھے لیکن گلا انھوں نے بھی نورانی پایا تھا۔ نہ ایک نیام میں دو تلواریں سما سکتی ہیں نہ ایک مشاعرے میں دو گلے۔ سیماب کو زعم تھا کہ وہ میر تقی میر اور اسد اللہ خاں غالب کے ہم رتبہ ہیں، زبان ان کی لونڈی ہے۔ نیاز مندان لاہور اپنی قلمرو میں کسی دوسرے کی فرمانروائی کا تصور ہی نہ کر سکتے تھے۔ وہ زبان کو اپنی گھوڑی سمجھتے تھے۔ نتیجتاً آپس میں ٹھن گئی۔ شیخ عبد القادر کی صدارت میں طرحی مشاعرہ تھا۔ قافیہ تھا سیلاب، ردیف تھی، رہ گیا۔ ساغر نے دون کی لی، مقطع پڑھا۔۔۔

ساغر کے زمزموں کی تب و تاب الاماں
ہر معرکہ میں شاعر پنجاب رہ گیا

چوٹ حفیظ پر تھی، سالک پھریری لے کر اٹھے، میاں صاحبزادے! وہ دوسرا مقطع بھول گئے ہو۔

پیر مغان کی بادہ گساروں سے ٹھن گئی
ساغر کی تہ میں قطرۂ سیماب رہ گیا

مشاعرہ لوٹ پوٹ ہو گیا، سیماب کٹ کے رہ گئے، ساغر کا رنگ اڑ گیا۔ اسی طرح کے ایک اور مشاعرہ میں مڈ بھیڑ ہو گئی۔ ساغر نے رباعی پڑھی، چوتھا مصرع تھا۔

یوسف کی قمیص ہے جوانی میری

سالک صاحب نے آواز دی۔۔۔ میاں! وہ بھی پیچھے ہی سے پھٹی تھی۔ مشاعرہ زعفران زار ہوگیا۔ ساغر نے کسی مصرع میں کوئی محاورہ غلط باندھ دیا، سالک صاحب نے سر عام ٹوکا، ساغر نے اپنے طور پر کاٹنا چاہا۔

کاش آپ کی زبان مجھ میں ہوتی

سالک صاحب نے چمک کر فرمایا۔

میاں صاحبزادے! میں اپنی زبان کی بات نہیں کر رہا تمھاری مادری زبان کا ذکر کر رہا ہوں۔

نتیجہ یہ ہوا کہ سیماب صاحب زیادہ دن لاہور میں نہ رہ سکے، ساغر کو لے کر لوٹ گئے۔ میدان حفیظ کے لیے رہ گیا۔ جو عموماً جمنا پار کے مشاعروں سے دل آزردہ ہو کر آتے تھے۔ سالک صاحبِ زبان سے بغاوت کے حامی نہ تھے۔ وہ اپنے ساتھیوں کو ان کی خفی و جلی غلطیوں پر ٹوکتے اور ان کی اصلاح کرتے۔ لیکن وہ اہل زبان کی صرف زبان کے غرور پر برتری کے بھی قائل نہ تھے۔ پاکستان بنا تو دہلی و لکھنؤ کے بعض اہلِ قلم لاہور آگئے۔ ان میں نواب خواجہ محمد شفیع دہلوی بھی تھے۔ باتوں باتوں میں خواجہ صاحب نے سالک صاحب سے کہا، چلیے ہم لوگوں کے آنے سے ایک فائدہ تو ہو گا کہ پنجاب والوں کی زبان صاف ہو جائے گی۔ سالک صاحب نے بھٹ سے فرمایا جی ہاں، انشاء اللہ مادری زبان ہو جائے گی۔ خواجہ صاحب تاڑ گئے لیکن مسکرا کے رہ گئے۔

ان کا تیسرا محاذ علامہ تاجور نجیب آبادی کے خلاف تھا۔ سالک صاحب بظاہر کیا طبیعتاً لڑاکا نہ تھے۔ اب چونکہ نیاز مندان لاہور ان کے بھی نیاز مند تھے لہٰذا وہ ان کے لیے تلوار بھی تھے، اور سپر بھی۔ اصل لڑائی حفیظ و تاثیر کی تھی۔ حفیظ کو شاعرانہ حسد و رقابت سے مفر نہ تھا، تاثیر کو فطرتاً چوچلوں میں مزہ آتا تھا۔ تاجور سے کٹا چھٹی کا سبب

بھی یہی تھا۔ ان سب نے ان پر یلغار کی۔ وہ بھی کچی گولیاں کھیلے ہوئے نہ تھے، انھوں نے بھی خم ٹھونک کر مقابلہ کیا۔ کوئی اور ہوتا تو لازماً بھاگ جاتا لیکن تاجور آخر وقت تک ڈٹے رہے جھکے نہیں۔ آخری عمر میں انھیں سید عابد علی عابد کے ہاتھوں سخت آزار پہنچا۔ لیکن وہ ہر چوٹ کھانے کے عادی ہو گئے تھے۔ عابد صاحب اب تو نیاز مندان لاہور میں شمار ہونا چاہتے ہیں لیکن اس وقت تاجور کے عقیدت مندوں میں تھے۔ ان کی شاعری کو پروان چڑھانے میں بھی تاجور کا ہاتھ تھا، انہی کے رسالوں نے انھیں جلا بخشی۔

تاجور نے لاہور سے جس پائے کے ادبی رسالے نکالے وہ آج تک صحافت میں سنگ میل کا درجہ رکھتے ہیں۔ "ادبی دنیا" کی نیو رکھی۔ جب تک اس کے ایڈیٹر رہے اس کا ڈنکا بجتا رہا، پھر "شاہکار" نکالا، اور شاہکار بنا دیا۔ بچوں کے لیے ہفتہ وار "پریم" نکالا، اردو مرکز قائم کیا، اس کے اہتمام میں بہت سے مجموعے مرتب کر کے شائع کیے، بیسیوں نوجوانوں کی ادبی تربیت کی، مشاعروں کو عام کیا۔ غرض جہاں تک زبان اردو کے مذاق کو عام کرنے کا تعلق ہے، ایک ادارہ سے بڑھ کر کام کیا اور یہ کہنا بے جا نہ ہوگا کہ جو کام پطرس، تاثیر، تبسم، حفیظ اور تاج سے نہ ہو سکا وہ تاجور نے تنہا کیا۔ ان کی خدمات کا اعتراف نہیں کیا گیا تو اس کی وجہ یہ ہے کہ ان کے گرد و پیش نیاز مندان لاہور جیسا کوئی حلقہ نہ تھا کہ وہ لوگ سیاسی فطرت کے ادبی کھلاڑی تھے۔ سالک نے تو عمر بھر قلم ہی کی خدمت کی۔ اور اتنا لکھا کہ انتخاب ہی کے کئی مجموعے شائع ہو سکتے ہیں، لیکن پطرس ادب میں کب تک زندہ رہ سکتے ہیں؟ یہ محل نظر ہے۔ مرحوم ایک ادیب سے زیادہ ایک محفل آرا شخصیت تھے جنھیں مختلف زبانوں کے ادبیان کا انسائیکلوپیڈیا کہا جا سکتا تھا لیکن ان کی یہ خوبی ان کے ساتھ ہی دفن ہو گئی۔ تاثیر کا ادبی ترکہ محدود ہے اور ان میں زندہ رہنے کی صلاحیت بھی برائے نام ہے لیکن وہ زبردست ادبی اور سیاسی کھلاڑی تھے۔ انھیں اس

برعظیم میں ترقی پسند تحریک کا سر خیل کہا جاسکتا ہے۔ یہ الگ بات ہے کہ اپنے ہی داؤ پیچ کی وجہ سے وہ اسی پودے کے ہاتھوں مارے گئے جسے انھوں نے خود تیار کیا جس کا بیج ان کے اپنے ہاتھوں بویا گیا تھا۔ پاکستان میں ترقی پسند تحریک کو ان کے ہاتھوں شدید نقصان پہنچا۔ لیکن ترقی پسندوں کے ہاتھ سے انھیں بھی بہت سے گھاؤ لگے۔ مجید ملک سرکاری افسر ہوکر سرکاری افسر ہی رہ گئے انھوں نے اس جوڑ توڑ میں کبھی حصہ نہ لیا جو تاثیر مرحوم کا شیوہ خاص رہا۔ تبسم عمر بھر طلبہ کے استاد رہے۔ پھر ریڈیو کے ہوگئے۔ ان کے کلام میں پختگی ضرور ہے، شگفتگی ٹاواں ٹاواں ہے۔ امتیاز علی تاج مرنجان مرنج ہیں۔ لیکن انار کلی یا چچا چھکن میں اتنا بوتا نہیں کہ انھیں دوام حاصل ہو۔ ان کی حیثیت ایک مہر شدہ ادیب کی ہے۔ البتہ حفیظ میں ایک بڑے شاعر کی تمام خصوصیتیں موجود ہیں۔ ان کے بغیر اردو غزل یا اردو نظم کا ہر تذکرہ ادھورا رہ جاتا ہے۔

غرض نیاز مندان لاہور جس حلقہ کا نام رہا وہ پہلی سازش تھی جو ادب میں کی گئی۔ ان لوگوں نے انجمن ستائش باہمی کی بنیاد رکھی۔ صوبہ بھر نے اپنے حلقہ سے باہر نہ تو کسی اہل قلم کی ادبی وجاہت کو یہ لوگ تسلیم کرتے اور نہ اپنے سوا کسی کو بالا سمجھتے تھے۔ علامہ اقبال کے گرد انھوں نے عقیدت کا حصار بنا رکھا تھا اور اس کے وجوہ تھے۔ سالک صاحب کے مرشد بننے یا بنانے کے بھی محرکات تھے، مثلاً زمیندار نے انقلاب کی کٹا چھنی، عام آویزشوں میں ایک روزنامہ کی ضرورت، سالک کا قلم جس سے ادبی اور سیاسی محاذوں میں رسد پہنچتی تھی۔

ماہناموں میں نیرنگ خیال کے عروج کا زمانہ تھا اور وہ ان کے ہاتھ میں تھا۔ اس کے مقابلے میں عالمگیر تھا لیکن وہ ان جھگڑوں سے ہمیشہ الگ رہا۔ اس پر یوپی اور حیدرآباد کے اہل قلم چھائے ہوئے تھے۔ تاجور پہلے ادبی دنیا پھر شاہکار کے مالک و مدیر رہے۔ حفیظ نے

ان کے خلاف قلم اٹھایا، مشاعروں میں تکا فضیحتی ہوئی تو علامہ نے بھی طبیعت کی جولانی دکھائی۔ بڑے زور کا رن پڑا۔ علامہ صاحب کے ادبی دنیا کے سالنامہ میں حفیظ کا نام لیے بغیر لیکن انھیں مخاطب کر کے اس زور کی نظم لکھی کہ زبان و فن کا لطف آگیا اس نظم میں کھلی ہجو تو نہ تھی لیکن سخت قسم کے نشتر ضرور تھے۔ سالک صاحب نے اس ساری نظم میں نیاز مندان لاہور کی مدافعت کی، اور خوب کی۔ تاجور البتہ سالک سے لڑنا نہیں چاہتے تھے ان کے ہلکی پھلکی چوٹیں ہوتی رہیں۔ نتیجتاً یہ محاذ کبھی سخت گرم ہوتا کبھی سخت سرد۔

ادھر تاجور نے بھی نوجوان لکھنے والوں کی ایک کھیپ پیدا کی اور وہ نیاز مندان لاہور کے مقابلہ میں زیادہ کامیاب رہے۔ اختر شیرانی کو ان سے تلمذ تھا، وقار انبالوی ان کے صحبت یافتہ تھے، عبدالحمید عدم نے ان سے فیض اٹھایا، احسان دانش زبان و فن کے رموز میں ان سے متمتع ہوئے، فاخر ہریانوی، فیاض ہریانوی، اودے سنگھ شائق، کرپان سنگھ بیدار ان کے باقاعدہ شاگرد تھے۔ اس باب میں ان کے شاگردوں کی فہرست بڑی طویل ہے۔

ادبی معرکوں کی تفصیلات اس وقت سامنے نہیں اور نہ زیر قلم خاکے میں یہ ساری تفصیل آسکتی ہے البتہ انھیں جمع کیا جائے تو ایک دلچسپ ادبی تاریخ تیار ہو سکتی ہے۔

"موت سے کس کو رستگاری ہے" تاثیر دیکھتی آنکھوں رخصت ہو گئے۔ پطرس کو امریکہ میں سناونی آگئی، سالک کو بھی بلاوا آگیا اور وہ اپنے رب سے جا ملے۔ ان سے پہلے تاجور صاحب بھی اللہ کو پیارے ہو گئے تھے۔ آخری عمر میں ان کی خواہش تھی کہ سالک سے ان کی صلح ہو جائے۔ خود مجھ سے کئی دفعہ کہا۔ چوں کہ روہیلا پٹھان تھے اس لیے طبیعت میں ضد بھی تھی۔ بہر حال ایک دن صلح ہو گئی، دونوں استاد بھائی تھے جب گلے

سے آملے سارا گلہ جاتا رہا۔

ادھر کئی برس پہلے نیاز مندان لاہور کی ہماہمی کا رنگ پھیکا پڑ چکا تھا۔ حفیظ ان سب سے الگ رہنے لگے۔ بلکہ ان کے خلاف تند و ترش باتیں کرتے۔ تاثیر اور حفیظ میں مدۃ العمر کھچاؤ رہا۔ حفیظ نے سوز و ساز میں سالک صاحب کے خلاف چٹکی لی۔ سالک صاحب کا بیان تھا کہ گرامی علیہ الرحمۃ نے مرنے سے پہلے حفیظ کا ہاتھ ان کے ہاتھ میں دیا تھا کہ اس کی شاعری پر نگاہ رکھنا۔ یہ روایت حفیظ کو ناگوار گزری، ہوا کہ طرفین کے دلوں میں غبار آگیا لیکن موت نے یہ قضیہ بھی۔۔۔ سالک رہے نہ تاجور پطرس رہے نہ تاثیر، رہے نام اللہ کا۔ حفیظ بقید حیات ہیں لیکن ان دوستوں اور ان دنوں کو یاد کر کے آہیں بھرتے ہیں۔

۱۹۳۰ء سے ۱۹۳۴ء تک جوش ملیح آبادی کی انقلابی شاعری کے ظہور اور عروج کا زمانہ تھا۔ نیاز مندان لاہور ان پر بھی حملہ آور ہوگئے۔ اسلامیہ کالج میں فروغ اردو کے نام سے طلبہ کی جو انجمن قائم تھی تاثیر اس کے سرپرست تھے۔ اس میں خاص خاص مصلحتوں سے خاص خاص مضمون لکھوائے پڑھوائے اور چھپوائے جاتے تھے۔ جوش بھی ان کا حدف بنا۔ انھیں دنوں احسان دانش نے چمکنا شروع کیا۔ لاہور سے ان کا اٹھنا حفیظ کے لیے قیامت ہوگیا۔ حفیظ اپنے رنگ کے شاعر تھے ان کا ترنم ان کے ساتھ مخصوص ہو چکا تھا، احسان دانش کی شاعری جوش سے شانہ ملا کر نکلی، آواز اس بلا کی تھی کہ جس مشاعرے میں جاتے انھیں کا ہو جاتا۔ نیاز مندان لاہور کے لیے یہ نئی افتاد تھی۔ احسان میں کمزوری یہ تھی کہ وہ کسی مدرسے کے فارغ التحصیل نہ تھے قدرت کے عطیہ نے انھیں بالا بلند شاعروں کی صف میں لا کھڑا کیا۔ ان دنوں تاثیر کا یہ شہرہ تھا کہ فن و ادب میں بیگانہ ہیں۔ احسان نے غزلوں کا مجموعہ "حدیث ادب" مرتب کیا تو اصلاح کی غرض

سے تاثیر کے پاس لے گئے، تاثیر نے مجموعہ ضائع کر دیا لیکن احسان سے کہا کہ گم ہو گیا ہے۔ احسان نے دوبارہ محنت کر کے مجموعہ مرتب کیا، تاثیر نے اب یہ کیا کہ اسے گم تو نہ کیا لیکن اس کے معیاری اشعار مجروح کر دیے۔ عجب نہ تھا کہ احسان اور نقصان اٹھاتے لیکن ان پر اصل حقیقت آشکار ہو گئی۔ کہ حفیظ انھیں گوارا نہیں کرتے۔ حفیظ کی مملکت میں کسی دوسرے شاعر کا شاعری یا ترنم کی وجہ سے مقبول ہونا ان کے لوگوں کے نزدیک جرم تھا۔

تاجور نے احسان کا ساتھ دینا شروع کیا۔ احسان روز بروز چمکتے گئے حتیٰ کہ ہر مشاعرہ کے لیے ناگزیر ہو گئے۔ ان کی آواز کا جادو صوبائی عصبیتوں کو ختم کر گیا۔ نیاز مندان لاہور کی ہیبت ماند پڑ گئی، شاعری کی نئی نئی راہیں کھلیں، کئی مدرسہ ہائے فکر پیدا ہو گئے، ادب و انشاء میں اس تیزی کے ساتھ سیلاب آیا کہ نیاز مندان لاہور کا جارہ خود بخود بیٹھ گیا۔ "نیاز مندان لاہور" کا چوتھا محاذ مولانا ظفر علی خاں کے خلاف تھا۔ یہ محاذ زمیندار اور انقلاب کے تصادم سے کھلا۔ سالک صاحب اس کے سالار تھے۔ ایک طرف مولانا ظفر علی خاں تن تنہا، دوسرے طرف مہر، سالک، دونوں ہی قلم کے دھنی، ان کے لاؤ لشکر میں حفیظ، تاثیر، تبسم، پطرس۔

تاثیر، قدوسی نظامی کے فرضی نام سے ظفر علی خاں کے مقابلے میں نکلے۔ لیکن کہاں راجہ بھوج کہاں ننوا تیلی، ظفر علی خاں چومکھی لڑنے میں بے مثال تھے۔ انھوں نے ایک ایک سے دو دو ہاتھ کیے، جو سامنے آیا ڈھیر ہو گیا۔ ہجو نگاری میں ان سے کون نپٹ سکتا تھا۔ بہ قول سید سلیمان ندوی وہ اردو کے تین کامل الفن اساتذہ میں سے ایک تھے۔ اوّل محمد رفیع سودا دوم اکبر الہٰ آبادی سوم ظفر علی خاں۔ سنگلاخ سے سنگلاخ زمینوں میں طرحیں نکالتے اور ادق سے ادق قافیوں میں رونق پیدا کرتے تھے۔ مولانا باخبر رہتے کہ

فلاں نظم کس کی ہے؟ اور فلاق دشنام کہاں سے آئی ہے؟ تاثیر کو اس بری طرح آڑے ہاتھوں لیا کہ چھٹکارا مشکل ہو گیا۔ مولانا نے انقلاب کے میمنہ و میسرہ میں ان لوگوں کو دیکھا تو للکارتے ہوئے اعلان کیا۔

زمیندار ایک آپ اتنے مگر اوج صحابت پر
یہ اک تکّل لڑے گا آپ کی ساری پتنگوں سے

چنانچہ اس تکل کے ہاتھوں ساری پتنگیں کٹ گئیں۔ کوئی دو ماہ گھمسان کا یدھ رہا، ادھر بیسیوں سورما، ادھر ایک ہی پرانا پھکیت۔ ہر ضرب کاری۔ آخر علامہ اقبال کی مداخلت سے میثاق ہو گیا۔

سالک صاحب زبان کی باریکیوں سے کماحقہ آگاہ تھے۔ روز مرہ اور محاورہ میں کبھی ٹھوکر نہ کھاتے۔ قواعد زبان سے بخوبی واقف تھے۔ املا کا غایت درجہ خیال رکھتے، اردو اخبار نویسی میں اعلیٰ معیار قائم کیا۔ وہ صحافتی قبیلے کی آخری کھیپ کے شہسوار تھے۔ ان کی ذات میں بیک وقت ادب و شعر کی بہت سی روایتیں جمع ہو گئی تھیں۔ وہ شاعر بھی تھے۔ "راہ ورسم منزلہا" کے نام سے ان کا ایک مجموعہ کلام بھی چھپا۔ انقلاب نکلا تو شاعری گاہے ماہے کی چیز ہو گئی۔ انگریزی سے اردو میں ترجمہ کرنا ان کے بائیں ہاتھ کا کھیل تھا، اتنا شستہ اور رفتہ ترجمہ کرتے کہ بسا اوقات اصل ماند ہو جاتا۔ کئی ترجمے طبع زاد معلوم ہوتے۔ ٹیگور کی گیتانجلی کا ترجمہ بڑا مقبول ہوا، گاندھی جی نے بھی اس کو سراہا۔ نثر لکھنا ان کے لیے اتنا ہی آسان تھا جتنا آبشار کے لیے بہنا، بے تکان اور بے تکلف لکھتے۔ کسی اسلوب کے مقلد نہ تھے فرماتے مطالعہ انسان کے ذخیرہ معلومات میں اضافے کا باعث ہوتا اور اس سے اسلوب بنتا ہے۔ جس آدمی کی معلومات جتنی وسیع ہوں گی اس کا اسلوب تحریر اتنا ہی صاف ستھرا ہو گا۔ وہ محض انشا پردازی یا محض لفّاظی کے حق میں نہ تھے۔ ان کی

تحریریں اس لحاظ سے بڑی دلفریب ہوتیں کہ سیدھے سادے الفاظ میں بڑی بڑی باتیں کہہ جاتے تھے۔ وہ کسی مسئلہ میں صرف الفاظ پر گزارہ نہ کرتے اور نہ ان کا سہارا لیتے تھے، انقلاب کے شذرات اور مہر صاحب کی غیر حاضری میں اداریے بھی وہی لکھا کرتے۔ کم لوگ جانتے تھے کہ جو شخص مطائبات نویسی میں یکہ تاز ہے وہ اس قسم کی ثقہ عبارت بھی لکھ سکتا ہے۔ انھیں نثر کے ہر اسلوب پر قابو تھا، وہ شگفتہ ضرور تھے لیکن مزاح کے علاوہ بھی ان کا قلم کسی موضوع پر بند نہیں تھا۔ انھوں نے کئی کتابیں لکھیں جن میں تاریخ، تذکرہ، سیرت اور ادب کے موضوع بھی ہیں۔ ان سے یہ ظاہر ہی نہیں ہوتا کہ ان کا مصنف کوئی ادیب طناز، بذلہ سنج صحافی یا مطائبات نویس ایڈیٹر ہے۔ انکی شہرت افکار وحوادث کی وجہ سے ہوئی۔ بلکہ یار لوگوں میں ان کا نام ہی پیر افکار شاہ پڑ گیا۔ افکار و حوادث نے روزناموں میں مطائبات کو آب و دانہ بخشا۔ اس کی دیکھا دیکھی کئی ایک مطائبات نویس پیدا ہو گئے لیکن افکار و حوادث سرفہرست ہی رہا۔ سند باد جہازی (چراغ حسن حسرت) سے قطع نظر شائد ہی کوئی مطائبات نویس ہو جس کی زبان میں سالک صاحب جیسی شوخی، ندرت، برجستگی، شگفتہ پن، طنز، گھاؤ، بے ساختگی اور سادگی پائی جاتی ہو۔ انھوں نے سب سے بڑا اجہاد جعلی پیروں اور مصنوعی صوفیوں کے خلاف کیا، غلط گو شعرا اور پوچ نویس ادباء کو آڑے ہاتھوں لیا جس سے اصلاح زبان ہوتی گئی۔ اس کے علاوہ افکار وحوادث میں کانگریس اور اس کے زعما پر پھبتیاں کسی جاتی یا ان لوگوں پر چوٹیں ہوتیں جو کانگریس سے قریب اور سرکار کے حریف تھے۔ انقلاب کے اس کردار کا دفاع نہیں کیا جاسکتا کہ اس کا مزاج حکومت کے نزدیک رہا لیکن زبان کا ذائقہ جو ان کے ہاں تھا اور کہیں بھی نہ تھا زبان ہی کا لطف تھا کہ ان کی پھبتیاں بھی پھول معلوم ہوتی تھیں۔ بسا اوقات ان کی پھبتی ننگی بھی ہو جاتی مگر وہ جس رخ سے پھبتی کستے، طعن

توڑتے، مصرع اٹھاتے، بذلہ فرماتے، لطیفہ گھڑتے اس میں ایک خاص سرور تھا کہ خود چوٹ کھانے والوں کی زبان پر کلمہ تحسین ہوتا۔ وہ اس فن میں بڑے ہی مشّاق تھے۔ کوئی پھبتی ان کی زبان پر آکر رہ نہیں سکتی تھی۔ اصل خوبی ان کی یہ تھی کہ وہ الفاظ سے مزاح پیدا نہیں کرتے تھے بلکہ ظرافت ان کے دماغ سے اگتی تھی۔ سیدھے سادے الفاظ میں چوٹ کر جاتے۔ انھیں مزاح و ہزل کی حدوں کا بھی اندازہ تھا اور بذلہ و طنز کی رگیں بھی پہچانتے تھے۔ وہ فحاشی، پھکڑ، گالی گفتار، ضلع جگت، پھبتی، طنز، ہجو، تضحیک اور طعن کے فرق کو بخوبی سمجھتے تھے۔ کبھی کبھار ان کے الفاظ عضیل بھی ہو جاتے اور ان سے شدید قسم کا گلہ بھی پیدا ہوتا، لیکن شاذونادر۔ اس قسم کا گلہ عموماً ذومعنی الفاظ کے استعمال سے پیدا ہوتا۔ وہ قلم اور زبان دونوں کے حاتم تھے، جس محفل میں بیٹھتے، پھبتیوں کی جھاڑ باندھتے اور لطیفوں کا انبار لگاتے۔ قلم اٹھاتے تو ان کا یہی حال ہوتا۔ نام بگاڑنے میں عجیب و غریب خصوصیت کے مالک تھے، مثلاً انگلستان کے وزیر اعظم ریمزے میکڈانلڈ کا نام اس کی ہندونوازی کے باعث رام جی مکنداس رکھا، عطاء اللہ شاہ بخاری کا، بخار اللہ شاہ عطائی، مظہر علی اظہر کا، ادھر علی ادھر۔ ان کے علاوہ کچھ اور راہنماؤں کے نام بھی مسخ کیے لیکن ان میں مطائبات کی شیرینی نہ تھی، دشنام کی سنگینی تھی۔ ایک دفعہ مولانا حبیب الرحمٰن صدر مجلس احرار اسلام نے تقریر میں کہا بعض تھڑولے ہمیں بدنام کرنے کے لیے چندے کا حساب مانگتے ہیں، ہم لوگ بنیا نہیں کہ حساب لیے پھریں۔ ہمیں اپنی دیانت پر اعتماد ہے جو لوگ ہم پر بھروسہ کرتے ہیں وہ چندہ دیں باقی ہوا کھائیں، سالک صاحب نے افکار و حوادث میں اس پر تبصرہ کرتے ہوئے لکھا، حضرت مولانا کس کم بخت نے آپ سے کہہ دیا کہ آپ بد دیانت ہیں؟ دیانت تو آپ کے گھر کی لونڈی ہے۔ شکایت یہ ہے کہ آپ نے بے نکاحی رکھی ہوئی ہے۔

ایک محفل میں اختر علی خاں (اللہ انھیں بخشے) کے لاابالی پن کا ذکر ہو رہا تھا کہ وہ شہید گنج میں کوئی دستاویز اٹھا کر ماسٹر تارا سنگھ کو دے آئے تھے۔ سالک صاحب نے تبسم فرمایا اور کہا، چھوڑ یار، اختر علی خاں بھی تو تارا سنگھ ہی کا ترجمہ ہے۔

کلیم صاحب ملٹری اکاؤنٹس میں غالباً ڈپٹی اکاؤنٹینٹ جنرل یا اس سے بھی کسی بڑے عہدے پر فائز تھے۔ انھیں شعر و سخن سے ایک گونہ لگاؤ تھا، اکثر مشاعرے رچاتے۔ ایک مشاعرہ میں سالک صاحب بھی شریک تھے۔ کسی نے ان سے کلیم صاحب کے بیٹے کا تعارف کراتے ہوئے کہا۔

آپ کلیم صاحب کے صاحبزادے ہیں۔

رگ ظرافت پھڑک اٹھی فرمایا۔

تو یہ کہیے آپ ضرب کلیم ہیں۔

غرض ان کا سینہ اس قسم کے لطائف الادب کا خزینہ تھا، جس محفل میں ہوتے چھا جاتے۔ برجستہ گوئی، حاضر جوابی، بدلہ سنجی، شگفتہ مزاجی، شعر فہمی، نکتہ آفرینی، یہ سب گویا ان کے خانہ زاد تھے۔ طبیعت میں آمد ہی رہتی، آورد کا ان کے ہاں گزر ہی نہیں تھا۔

ایک تہائی صدی انھوں نے بڑے آدمیوں کی رفاقت اور صحبت میں بسر کی۔ اس زمانہ کا شاید ہی کوئی بڑا ہندوستانی یا پاکستانی ہو جن سے ان کے تعلقات نہ رہے ہوں، بڑے بڑوں سے ان کا ملاپ رہا۔ چنانچہ میری ہی تحریک پر انھوں نے "یاران کہن" لکھی۔ جو مکتبہ چٹان سے شائع ہوئی۔ اس میں کوئی بیس نامور لوگوں کا ذکر کیا ہے جن میں اکثر ملک و ملت کے جلیل القدر راہنما تھے۔ ان بزرگوں اور دوستوں کا شاید ہی کوئی لطیفہ ہو جو انھیں یاد ہو اور رہ گیا ہو۔ "سرگذشت" کے نام سے انھوں نے اپنے سوانح حیات

قلم بند کیے، پہلے "امروز" پھر "نوائے وقت" میں قسط وار چھپتے رہے، آخر کتابی شکل میں شائع ہوگئے۔ اس کتاب سے ان کے ذہنی نشو و نما اور ادبی و سیاسی مذاق ہی کا اندازہ نہیں ہوتا بلکہ بہت سی برگزیدہ ہستیوں اور نامور شخصیتوں کی سیرت کا عکس بھی مل جاتا ہے۔ حسرت کے الفاظ میں "سرگزشت" ہمارے ملک کی چہل سالہ علمی ادبی اور سیاسی سرگرمیوں کا مرقع ہے۔ ظرافت ان کے قلم سے یوں نکلتی ہے جیسے کڑی کمان سے تیر۔ عام طور پر وہ لکھتے لکھاتے کوئی ایسا لطیفہ یا چٹکلہ بیان کر جاتے ہیں کہ خشک سے خشک بحث بھی بامزہ معلوم ہونے لگتی ہے۔ "سرگزشت" میں بھی یہی رنگ نمایاں ہے، اور "یاران کہن" تو زیادہ تر ان شخصیتوں ہی کے لطائف کا تذکرہ ہے۔

لاہور میں جمعیۃ العلماء کا اجلاس ہو رہا تھا، ملک بھر کے علماء جمع تھے۔ سالک صاحب نے ان پر ریشتاغ کی پھبتی کسی۔ مہر صاحب نے مولانا ابوالکلام سے ذکر کیا، انھوں نے بہت داد دی اور کہا کہ لمبی لمبی ڈاڑھیوں کے مجمع کو اس سے بہتر کیا نام دیا جاسکتا ہے۔ واضح رہے کہ ریشتاغ، ہٹلر کی پارلیمنٹ کا نام تھا۔

آغا حشر سے ان کی ملاقات ۱۹۱۶ میں ہوئی جب وہ لاہور میں مقیم تھے، دونوں ہی میں گاڑھی چھننے لگی۔ آغا بلا کے بذلہ سنج، نکتہ طراز، اور بدیہہ گو تھے، سالک بھی ان خصوصیتوں میں پیچھے نہیں تھے البتہ آغا صاحب پھلڑ بھی تھے اور گالی گفتار سے رکتے نہیں تھے۔ اہل قلم پر یہ زمانہ زیادہ کچھ زیادہ مہربان نہ تھا۔ آغا صاحب کا ہاتھ اکثر تنگ رہتا، جب کہیں سے کوئی رقم آتی تو دِنوں میں لٹا دیتے۔ طبیعت سخی اور لکھ لٹ پائی تھی۔ سالک صاحب روایت کرتے تھے کہ وہ اور حشر ان دنوں مونگ پھلی سے جیبیں بھر کے آدھی آدھی رات تک لاہور کی بڑی بڑی سڑکوں پر پھیرے ڈالتے اور دنیا بھر کی گپیں ہانکتے تھے۔ ایک روز آغا صاحب کو کلکتہ سے پانچ ہزار روپیہ آیا، بہت خوش ہوئے۔

تعلیاں بگھارنا ان کی فطرت میں تھا۔ سالک صاحب شام کو ان کے ہاں پہنچے تو عالم ہی دوسرا تھا۔ کہنے لگے، آغا حشر ڈرامہ کا خدا ہے، ہندوستان بھر میں کوئی شخص اس کا مقابلہ نہیں کر سکتا، وہ انڈین شیکسپیئر ہے۔ سالک نے کہا، جیسا تھرڈ کلاس انڈیا ہے ویسا ہی اس کا شیکسپیئر ہو گا؟ بہت بھنائے، چوں کہ سالک صاحب سے گالی گلوچ کا لین دین نہ تھا لہٰذا سٹپٹا کر رہ گئے۔ کہنے لگے جانتے ہو پانچ ہزار روپے کتنے ہوتے ہیں؟ سالک نے کہا جی ہاں سنا ہے پانچ ہزار کی چھاؤں میں کتّا بیٹھتا ہے۔ بے اختیار ہنس پڑے، فرمایا مسخرے پن سے باز نہیں آتے۔

خواجہ حسن نظامی بھی قدرت سے طباع اور طرار طبیعت لے کر آئے تھے، ان کے ہاں بھی زبان کا زور بندھا ہوا تھا۔ دہلی مرحوم کی آبرو تھے۔ جہاں تک ان کی خصوصیتوں کا تعلق تھا وہ کئی خوبیوں کی تصویر تھے، مثلاً پیر بھی تھے، پیرزادے بھی، اخبار نویس بھی تھے اور اہل اللہ بھی، صاحب طرز ادیب بھی تھے اور صوفی باکرامت بھی، تاجر بھی تھے اور سجادہ نشین بھی۔ گویا ایک ذات میں کئی وجود جمع ہو گئے تھے۔ شوشہ چھوڑنے، مصرعہ اٹھانے، تھگلی لگانے، کرتب دکھانے، پتنگ اڑانے، ناٹک رچانے اور ہتھیلی پر سرسوں جمانے میں انھیں کمال حاصل تھا۔ نظام الدین اولیا اللہ کے جوار میں رہ کر ایک دنیا سے لڑائی لے رکھی تھی۔ مولانا ظفر علی خاں کو حیدرآباد سے پٹخنی دلوائی، مولانا محمد علی کے لیے بھڑوں کا چھتا ہو گئے، دیوان سنگھ مفتوں سے تاناری ری شروع کی اور آن واحد میں ملہار گانے لگے، مہاتما گاندھی کی چرغ چون کا بھرکس نکالا، شر رہانند کا ٹینٹوا دبایا، شدھی کو ناکوں چنے چبوائے، تبلیغ کا ڈول ڈالا، انسان کیا! طوفان تھے۔ سالک صاحب چوں کہ نظام خانقاہی کے خلاف لکھا ہی کرتے تھے اس لیے ان سے بھی کبھی کبھار چاؤ چونچلے ہو جاتے۔ خواجہ صاحب بہر حال ایک زندہ دل اور یار باش شخصیت تھے، حجرے میں

مجرے کا جواز بھی پیدا کر لیتے۔ بھارت بیاکل تھیٹریکل کے ایک نو عمر اداکار، چونی لال پر خواجہ صاحب کی نظر عنایت ہو گئی، سالک صاحب کو شوخی سوجھی، تین چار اشعار فارسی میں لکھ کر گم نام کی طرف سے خواجہ صاحب کو ڈاک میں بھیج دیے۔

اے خواجۂ نامدار چونی
در صحبت گلفدار چونی،
سن در ہجر تو ایں چنینم
تو در پہلوئے یار چونی،
در حسرت قرب ذات بیچوں
اے صوفی ہرزہ کار چونی،

خواجہ صاحب لاہور تشریف لائے تو سالک صاحب نے چونی لال کا پوچھا۔ خواجہ صاحب بھانپ گئے، فرمایا اچھا تو وہ اشعار آپ کے تھے؟

حکیم فقیر محمد چشتی جگراؤں کے تھے، لیکن ان کا وطن ثانی لاہور تھا۔ قدرت نے ان میں حذاقت و طبابت کے علاوہ لطافت و ظرافت کا مادہ کوٹ کوٹ کر بھرا تھا۔ پھبتی کہنے اور ضلع جگت میں بے نظیر تھے۔ سالک صاحب بھی ان کا لوہا مانتے وہ پھبتی کستے ہی نہیں اس میں اصلاح بھی کرتے تھے۔ مثلاً سالک صاحب نے ان کی بو قلمونی پر آٹھوں گانٹھ کمیت کی پھبتی کسی، لگے کیا سائیسوں کی زبان بولتے ہو؟

مطب میں حکیم صاحب کے پاس نجو طوائف بیٹھی تھی، اتنے میں سالک صاحب آ گئے۔ حکیم صاحب نے نجو سے کہا ان سے ملو ہمارے شہر کے بہت بڑے ادیب اور شاعر عبد المجید سالک ہیں۔ وہ آداب بجالائی۔ سالک سے کہا کہ یہ لاہور کی مشہور طوائف نجو ہے۔ سالک صاحب نے کہا، نجو؟ بھلا کیا نام ہوا؟ فرمانے لگے لوگ نجو نجو کہہ کر پکارتے

ہیں، پورا نام تو نجات المومنین ہے۔ نجو کا کھلا چمپئی رنگ، سر پہ سفید ریشمی دوپٹہ، کناروں پر چوڑا نقرئی ٹھپہ۔ سالک نے کہا، ملاحظہ فرمایا آپ نے، ڈبیہ کا انگور ہے، تشبیہہ تام تھی بہت داد دی، حکیم صاحب نے فرمایا۔

بھلا اس تشبیہہ کے بارے میں کیا خیال ہے آپ کا؟

خمیرۂ گاؤزبان بہ ورق نقرہ پیچیدہ

سالک صاحب پھڑک اٹھے۔

سالک صاحب کی سب سے بڑی خوبی ان کا باغ و بہار ہونا تھا۔ مولانا ابو الکلام آزاد نے ایک دفعہ ان سے پوچھا، سالک صاحب آپ کو معلوم ہے عربی میں کھٹائی کو کیا کہتے ہیں۔ جواب دیا حموض۔ فرمایا کھٹا کرنا تحمیض کہلاتا ہے، برے معنی میں نہیں بلکہ چٹپٹا بنانے کے معنی میں۔ عربی میں ایک قول ہے، نسخ مجالسکم، اپنی مجلسوں اور صحبتوں کو چٹپٹا بناؤ۔ تو آپ کے آنے سے ہماری مجلس چٹ پٹی بن گئی۔ واقعہ یہ ہے کہ سالک صاحب جس مجلس میں ہوتے وہ چٹ پٹی ہو جاتی، شرکاء مجلس دیر تک لطف اندوز ہوتے۔

ہر شخص کا اندازہ اس کے دوستوں سے کیا جاتا ہے۔ سالک صاحب اوائل عمر ہی سے جن لوگوں کے ساتھ رہے وہ قلم کے لیے مایۂ ناز تھے، اقبال، ابو الکلام، ظفر علی خاں، حسرت موہانی، ممتاز علی۔ جس پایہ کے لوگ تھے وہ ان کے نام اور کام سے ظاہر ہے۔ ہم سفروں میں انھیں مہر جیسا رفیق قلم ملا۔ ہم نشینوں میں چراغ حسن حسرت، مرتضی احمد میکش، احمد شاہ بخاری، محمد دین تاثیر۔ شاگردوں میں احمد ندیم قاسمی اور اولاد میں عبد السلام خورشید۔ تمام عمر قرطاس و قلم میں کیغ، سالہا سال لکھا اور سالہا سال پڑھا۔ اس اعتبار سے وہ ایک تہائی صدی کے ادب و سیاست کی چلتی پھرتی کہانی تھے۔ ان کی باتوں سے جی اکتاتا ہی نہیں تھا، کیا کیا باتیں ان کے سینہ میں نہیں تھیں؟ کتنی ہی باتیں ان

کے قلم سے صفحہ کاغذ پر آ گئیں، کتنی ہی لوگوں کے حافظہ میں بے تحریر پڑی ہیں اور کتنی ہی ناگفتنی ہونے کے باعث محفلوں میں اڑتی پھرتی ہیں۔ اکثر گفتنی و ناگفتنی وہ اپنے ساتھ قبر میں لے گئے۔ جس موضوع پر بولتے موتی رولتے۔ ہا! میر درد نے کس وقت کہا تھا۔

یارب وہ ہستیاں اب کس دیس بستیاں ہیں؟
اب جن کے دیکھنے کو آنکھیں ترستیاں ہیں؟

اس بازار میں میری ایک رسوا سی کتاب ہے، یہ فحاشی کی تاریخ ہے۔ اس کا خیال مجھے ایک فیچر سے پیدا ہوا جو میں نے چٹان کے سالگرہ نمبر میں لکھا تھا۔ سالک صاحب نے زور دیا کہ میں اس فیچر کو مختلف ابواب میں تقسیم کر کے کتاب لکھ دوں۔ اس بازار میں پھرتے پھراتے مجھے ایک ایسے گھرانے میں جانا پڑا جس کی مالکن کبھی جوان تھی۔ ایک زمانہ میں علامہ اقبال اس کی آواز سے خوش ہوتے تھے، اس کا نام امیر تھا۔ امیر کا زمانہ لد چکا تھا۔ اس وقت ستر پچھتّر برس کے لپیٹے میں تھی، چہرے پر جھریوں کی چنٹ سے معلوم ہوتا تھا کہ لٹے ہوئے عیش کی تصویر ہے۔ میں نے ادھر ادھر کے ٹانکے ملا کر سوال کیا کہ وہ مجھے اقبال کے بارے میں کیا بتا سکتی ہے؟ لیکن طرح دے گئی۔ میں نے اصرار کیا، اس نے رسید تک نہ دی۔ میں نے پچکارنا چاہا وہ ٹال گئی۔ ہزار جتن کیے لیکن کسی طرح بھی ڈھب پر نہ آئی۔ جب میں نے سارے داؤں استعمال کر لیے تو خدا کا واسطہ ڈالا۔ لیکن اس کے کانوں پر جوں تک نہ رینگی۔ جب میں نے عذر و انکار کی وجہ پوچھی تو اس نے حقے کی نے چھوڑتے ہوئے کہا۔

"ہم لوگ۔ شرفاء کے رازوں کی نمائش یا بیوپار نہیں کیا کرتے۔ آپ خواہ مخواہ ہوا کو مٹھی میں تھامنا چاہتے ہیں۔"

واپس آکر میں نے سالک صاحب سے اس کا ذکر کیا تو وہ امیر کے ذکر سے ششدر

رہ گئے۔ پوچھا، ابھی تک زندہ ہے؟ عرض کیا جی ہاں۔ پھر ایک واقعہ سنایا کہ مولانا گرامی لاہور تشریف لائے تو مجھے دفتر سے اٹھا کر علامہ اقبال کے ہاں لے گئے علامہ ان دنوں بازار حکیماں میں رہتے تھے۔ علی بخش سے پتہ چلا کہ علامہ بیمار ہیں، دھسہ لے کر لیٹے ہوئے تھے، ڈاڑھی بڑھی ہوئی چہرہ اترا ہوا، آنکھیں دھنسی ہوئیں۔ گرامی کو دیکھتے ہی آبدیدہ ہو گئے۔ پوچھا خیریت ہے؟ معلوم ہوا کہ امیر کی ماں نے میل ملاقات بند کر دی ہے۔ پچھلے تین روز سے ملاقات نہیں ہوئی۔ گرامی کھکھلا کر ہنس پڑے۔ پنجابی میں کہا۔

او چھڈ یار توں وی غضب کرنا ایں، او تینوں اپنی ہنڈی کس طرح دے دیں۔ (چھوڑو یار تم بھی غضب کرتے ہو، بھلا وہ تمھیں اپنی ہنڈی کیوں کر دے دے)۔

علامہ بے حد غمگین تھے۔ گرامی نے علی بخش سے کہا، گاڑی تیار کرو۔ مجھے ساتھ لیا اور اس بازار کو روانہ ہو گئے۔ امیر کے مکان پر پہنچے، دستک دی۔ امیر کی ماں نے گرامی کو دیکھا تو خوش دلی سے خیر مقدم کیا۔

آپ اور یہاں۔۔۔؟ اھلاً و سھلاً۔

گرامی نے امیر کی ماں سے گلہ کیا کہ تو نے ہمارے شاعر کو ختم کرنے کی ٹھانی ہے۔ اس نے کہا مولانا شاعروں کے پاس کیا ہے، چار قافیے اور دو ردیفیں۔ کیا میں اپنی لڑکی ہاتھ سے دے کر فاقے مر جاؤں؟ آپ کا شاعر تو ہمارے ہاں نقب لگانے آتا ہے، میری لڑکی چلی گئی تو کون ذمہ دار ہوگا؟

گرامی نے اجلی ڈاڑھی کا واسطہ دیا، اور دو گھنٹہ کی شخصی ضمانت دے کر امیر کو ساتھ لے آئے۔ میں علی بخش کے ساتھ، گرامی امیر کے ساتھ گھوڑا دڑکی میں چلا آرہا تھا۔ علامہ کے ہاں پہنچے تو گرامی نے جھنجوڑتے ہوئے کہا۔

اٹھو جی، آ گئی امیر۔

سچ مچ، علامہ نے حیرت سے پوچھا۔

امیر سامنے کھڑی تھی، دفعتاً ان کا چہرہ جگمگا اٹھا۔ سالک صاحب نے یہ واقعہ سناتے ہوئے کہا، زندگی میں اس قسم کی آرزوئیں ناگزیر ہوتی ہیں۔ انسان کو ان راستوں سے گزرنا ہی پڑتا ہے۔ فرمایا جس زمانہ میں اقبال انار کلی میں رہتے تھے، ان دنوں لاہوری دروازہ اور پرانی انار کلی میں بھی کسبیوں کے مکان تھے۔ ایک دن میں علامہ کے ہمراہ انار کلی سے گزر رہا تھا کہ اچانک وہ ایک ٹکیائی کے دروازہ پر رک گئے۔ ادھیڑ عمر کی کالی کلوٹی عورت، مونڈھے پر بیٹھی حقہ سلگا رہی تھی۔ اندر گئے حقہ کا کش لگایا، اٹھنی یا روپیہ اس کے ہاتھ میں دے کر آ گئے۔ میں بھونچکا رہ گیا، ڈاکٹر صاحب یہ کیا حرکت؟ فرمایا، سالک صاحب، اس عورت پر نگاہ پڑی تو اس کی شکل دیکھ کر لہر سی اٹھی کہ اس کے پاس کون آتا ہو گا؟ پھر مجھے اپنے الفاظ میں تکبر محسوس ہوا۔ میں نے خیال کیا کہ آخر اس کے پہلو میں بھی دل ہو گا۔ یہی احساس مجھے اس کے پاس لے گیا کہ اپنے نفس کو سزا دے سکوں اور اس کی دل جوئی کروں۔ یہ عورت صرف پیٹ کی مار کے باعث یہاں بیٹھی ہے ورنہ اس میں جسم کے عیش کی ادنیٰ سی علامت بھی نہیں ہے۔"

سالک صاحب نے علامہ اقبال کے ان واقعات کا ذکر کرتے ہوئے کہا، عمر کی آخری تہائی میں وہ ہر چیز سے دستبردار ہو گئے تھے۔ ان کے قلب کا یہ حال تھا کہ آن واحد میں بے اختیار ہو کر رونے لگتے، حضورؐ کا نام آتے ہی ان کے جسم پر کپکپی طاری ہو جاتی، پہروں اشکبار رہتے۔ ایک دفعہ میں نے حدیث بیان کی کہ مسجد نبوی میں ایک بلی نے بچے دے رکھے تھے، صحابہؓ نے بلی کو مار کر بھگانا چاہا، حضورؐ نے منع کیا۔ صحابہؓ نے عرض کی، مسجد خراب کرتی ہے۔ حضورؐ نے فرمایا، اسے مارو نہیں، یہ ماں ہو گئی ہے۔ حدیث کا سننا تھا کہ علامہ بے اختیار ہو گئے، ڈھاڑیں مار مار کر رونے لگے۔ سالک صاحب کیا کہا؟ مارو نہیں ماں

ہو گئی ہے، اللہ اللہ اومومت کا یہ شرف؟ سالک صاحب کا بیان تھا کہ حضرت علامہ کوئی پون گھنٹہ اسی طرح روتے رہے، میں پریشان ہو گیا۔ ان کی طبیعت بحال ہوئی تو مجھے بھی چین آیا، ورنہ جب تک وہ اشکبار رہے میں ہلا رہا گویا مجھ سے کوئی شدید غلطی سرزد ہو گئی ہو۔

۱۹۴۶ء میں سالک صاحب نے میری استدعا پر روزنامہ آزاد میں اپنی جیل یاترا پر ایک مضمون لکھا پھر یہی مضمون انھوں نے تفصیلات کے ساتھ "سرگزشت" میں تحریر کیا۔ وہ نومبر ۱۹۲۱ء میں زیر دفعہ ۱۵۳ الف گرفتار ہو کر ایک سال قید ہو گئے۔ لاہور سنٹرل جیل سے میانوالی جیل منتقل کر دیا گیا جہاں پنجاب اور دہلی کے بہت سے پولیٹیکل قیدی رہ رہے تھے۔ وہ لکھتے ہیں کہ میں نے اور عبدالعزیز انصاری نے مولانا احمد سعید دہلوی سے ادب عربی، صرف و نحو عربی اور منطق کا سبق پڑھنا شروع کیا۔ مولانا لقاء اللہ عثمانی پانی پتی نماز میں ہم سب کے پیش امام تھے۔ سید حبیب مولانا داؤد غزنوی کو انگریزی پڑھاتے اور مولانا داؤد سید صاحب کو عربی۔ نتیجہ یہ ہوا کہ نہ ان کو انگریزی آئی نہ ان کو عربی۔ مولانا عبداللہ چوڑی والے، میر مطبخ تھے۔ کبھی کبھی قوالی بھی ہوتی۔ جس میں اختر علی خاں گھڑا بجاتے۔ صوفی اقبال تالی بجا کر تان دیتے۔ سید عطا اللہ شاہ بخاری غزل گاتے۔ مولانا احمد سعید شیخ مجلس بن کر بیٹھے۔ مولانا داؤد غزنوی اور عبدالعزیز انصاری حال کھیلتے۔ آہ ان دوستوں میں سے لقاء اللہ کے سوا ایک بھی حیات نہیں۔

آن قدح بشکست و آں ساقی نماند۔

سرگزشت کا زندانی حصہ بڑا ہی دلچسپ ہے۔ ایک تذکرہ میں کئی تذکرے آگئے ہیں۔ حسرت کے الفاظ میں قید کا یہ ایک سال ان کے سوانح حیات کی قیمتی متاع تھا۔

اس کے بعد کبھی قید نہ ہوئے۔ زمیندار کو بدمزگی سے چھوڑا۔ مہر صاحب کی

رفاقت میں انقلاب نکالا۔ جو برطانوی حکومت کے ترک ہندوستان تک چلتا رہا۔ آزادی کے بعد بھی سال چھ مہینے نکلا۔ آخر آب و ہوا کو موافق نہ پاکر بند کر دیا۔ یہ ذکر اس سے پہلے آچکا ہے کہ مجید ملک (پرنسپل انفرمیشن آفیسر) کی تحریک پر حکومت پاکستان کی وزارت اطلاعات و مطبوعات سے منسلک ہو کر کراچی چلے گئے۔ وہاں فرضی ناموں سے حکومت کی پالیسیوں کے حق میں مضامین لکھتے رہے۔ بعض سرکاری مطبوعات کے ترجمے کیے۔ خواجہ ناظم الدین کی تقریریں لکھیں۔ ملک غلام محمد کا زمانہ آیا تو اسی خدمت پر مامور رہے۔ کوئی چار سال بعد وہاں سے لوٹے تو یہاں مختلف ادبی و علمی اداروں سے منسلک ہو گئے۔ منیر انکوائری رپورٹ کا اردو ترجمہ کیا۔ ایک روز اچانک بیمار ہو گئے۔ اس بیماری نے صحت کی عمارت ہلا دی۔ دواؤں کے سہارے چلنے پھرنے کے قابل ہو گئے لیکن اندر خانہ کمزور پڑ گئے۔ اکثر گھر ہی میں رہتے۔ وضعداری کا یہ حال تھا کہ تعلقات بنا کے توڑتے نہیں تھے۔ میری اہلیہ کو انہی دنوں دماغ کا عارضہ ہو گیا۔ خود ان کی پوتی کو بھی یہی عارضہ تھا۔ اس مرض کی اذیت کو سمجھتے تھے۔ میں اپنی جگہ سخت پریشان تھا۔ وہ اس زمانہ میں دوسرے تیسرے روز گھر سے نکلتے اور سیدھے میرے ہاں چلے آتے۔ میری بیوی کے پاس بیٹھ جاتے اور اس کی طبیعت کو بہلانے لگتے۔ اس سے کہتے میرے لیے نمکین چائے بناؤ۔ مطلب اس کو مصروف رکھنے سے تھا۔ وہ بڑے شوق سے چائے بناتی۔ گھنٹوں ٹک کر بیٹھے رہتے۔ مجھے کہتے جاؤ دفتر میں پھیرا ڈال آؤ، میں یہاں بیٹھا ہوں۔ میری اہلیہ کے دل میں انھوں نے والد کی سی جگہ بنالی تھی اور وہ بھی اس کو بیٹی ہی کی طرح دیکھتے بھالتے تھے۔ ان کی سیرت کا یہ بانکپن میرے دل پر آج تک نقش ہے۔ کیا وضعداری تھی کہ آج وہ باتیں ہی خواب و خیال ہو گئی ہیں۔ جس روز ان کا انتقال ہوا اس سے ایک دن پہلے کوئی نو بجے صبح میرے ہاں تشریف لائے۔ حسب معمول میری

اہلیہ کو نمکین چائے بنانے کے لیے کہا۔ اس نے تیار کر کے پیش کی۔ تو بہت خوش ہوئے۔ فرمایا، قلچہ، نمکین چائے، شلجم اور سفید چاول تو بس کشمیریوں ہی کے ہاتھوں لذیذ پکتے ہیں۔ چار بجے چام واپس چلے گئے، اگلے روز سنا کہ سالک صاحب فوت ہو گئے ہیں تو یقین نہیں آتا تھا۔ بھاگم بھاگ مسلم ٹاؤن پہنچا۔ جس مکان میں ظرافت کے پھول کھلتے تھے، وہ ماتم کدہ بنا ہوا تھا۔ سالک صاحب واقعی اللہ کو پیارے ہو چکے تھے۔

وہ اکا دکا احباب سے مذاق بھی کر لیتے لیکن خاص قسم کی مجلسوں میں جانے اور عام طرز کی محفلیں رچانے کے عادی نہ تھے۔ ان کا اپنا ایک انداز تھا۔ مثلاً وہ بذلہ سنج ضرور تھے مگر ریسٹورانوں، ہوٹلوں اور قہوہ خانوں میں آنے جانے سے متنفر رہے۔ اسے اپنی عمر کی متانت کے خلاف سمجھتے تھے۔ ان کے نزدیک ریسٹورانوں اور قہوہ خانوں میں بیٹھ کر گپ لڑانا واہیات کھیل تھا۔ ایک دفعہ کافی ہاؤس کے پاس سے گزر رہے تھے۔ چراغ حسن حسرت (سندباد جہازی) نے دیکھا تو کرسی چھوڑ کر باہر آ گئے۔ زور دیا کہ اندر چلیں۔ کافی پئیں۔ "حلقۂ رنداں" کو سعادت بخشیں، لیکن مطلقاً نہ مانے۔

"اس میں عیب کیا ہے؟" حسرت نے کہا۔

"مجھے عیب ہی نظر آتا ہے!

"حسرت بھی تو ہر روز بیٹھتے ہیں۔" میں نے عرض کیا۔

"ان میں ابھی لڑکپن ہے!"

وہ نوجوانوں کی عزت کرتے لیکن ان سے بے تکلف نہیں ہوتے تھے۔ ان کو معلوم تھا کہ اس کا نتیجہ کیا ہوتا ہے۔ جب کبھی انھیں پتہ چلتا کہ حسرت سے نوجوانوں کی بم چخ ہو گئی ہے اور وہ اختلاج کے مریض ہیں جس سے ان کی حساس طبیعت متاثر ہوتی ہے تو وہ انھیں ٹوکتے کہ ہاتھیوں کی اس ڈار یا کبوتروں کی اس ٹکڑی میں کیا رکھا ہے؟ گھر میں رہا

کرو۔ لیکن حسرت صاحب کو کافی ہاؤس کا چسکہ پڑا ہوا تھا۔ وہ اس ریوڑیا گلے میں ضرور آتے اور بلاناغہ آتے۔ جان لیوا مرض میں بھی آتے رہے۔ حالانکہ چپر غٹو اور اول جول قسم کے نوجوانوں سے الجھ کر دل آزردہ ہوتے تھے۔ حسرت بڑے پائے کے مطائبات نگار تھے۔ بامحاورہ زبان لکھنے میں بے مثال تھے۔ ادب و شعر کا ذوق نہایت شستہ و رفتہ پایا تھا۔ ان کے سامنے غلط اردو لکھنا یا غلط اردو بولنا مشکل تھا۔ وہ بر خود غلط لوگوں کو چٹکیوں میں اڑادیتے۔ برگزیدہ ادیب اور کہنہ مشق صحافی ہوکر بھی انھیں شاعرانہ عیبوں سے لگاؤ تھا اس کے برعکس سالک صاحب نے عمر بھر شراب چکھی نہ کوچۂ یار میں گئے۔ رنگ رلیاں منائیں نہ گلچھرے اڑائے۔ انہیں نسوانی موسیقی سے بھی کوئی خاص دلچسپی تھی نہ اس قسم کی محفلوں میں شریک ہوتے۔ خود شاعر تھے۔ جب انقلاب سے سبکدوش ہو گئے اور کراچی سے واپس آگئے تو شعر کہنے کا شوق تازہ ہو گیا۔ مشاعروں میں جانے لگے۔ آواز رسیلی پائی تھی۔ ترنم سے پڑھتے۔ لوگ ان کا احترام کرتے لیکن یہ دور ان کے مشاعروں میں جانے کا نہیں تھا۔ مشاعروں پر کھلنڈرے شاعر اور تان سینی گلے چھائے ہوئے تھے جنھیں زبان کی نزاکتوں سے واجبی سا تعلق تھا۔ انھیں نثر و نظم دونوں میں زبان و بیان کی پابندیوں کا احساس رہتا بلکہ اس بارے میں اہل زبان سے بھی زیادہ سخت تھا۔ وہ نوجوان ادیبوں اور شاعروں کی طرح "ہم جائز سمجھتے ہیں" کے مرض کا شکار نہیں تھے۔ بلکہ الفاظ اور محاورات کو اصل کی طرح استعمال کرتے۔ وہ ضرورت کے مطابق ان میں ترمیم کے بھی خلاف تھے۔ ان کے نزدیک یہ بدمذاقی تھی۔ ترقی پسند تحریک کی انھوں نے بڑی سرپرستی کی۔ اور اس کی وجہ غالباً احمد ندیم قاسمی تھے۔ لیکن نہ تو کبھی ان کے اجتہاد کو قبول کیا نہ زبان کے معاملہ میں ان لوگوں کی بے راہ روی کو پسند فرمایا۔ اور نہ ان کے ان باپردہ الفاظ و تراکیب کی حوصلہ افزائی کی جن کی آڑ میں یہ لوگ خدا و مذہب

کی تضحیک کرتے تھے۔

میں نے اپنی کسی نظم میں مشیت کو تماشائی لکھا۔ فرمایا یہ نہ لکھا کرو۔ مشیت اللہ کی رضا اور اس کے ارادہ کا نام ہے۔ ترقی پسندوں کو معلوم ہے کہ یہ مسلمانوں کا ملک ہے اور یہاں اسلام کو اولیت حاصل ہے وہ کھل کے خدا کو گالی نہیں دے سکتے۔ انھوں نے استخفاف کے لیے مشیت کا لفظ انتخاب کر لیا ہے۔

ترقی پسند ادیبوں کے سالانہ اجلاس کی صدارت کرتے ہوئے ایک زوردار خطبہ پڑھا، لیکن ان کے نظریات و تصور کو اسلامی معاشرہ کے لیے مضر سمجھتے تھے۔ البتہ دولت کی غیر منصفانہ تقسیم، طبقاتی اونچ نیچ اور سرمایہ دارانہ استحصال کے سخت خلاف تھے۔ اس سلسلہ میں ترقی پسندوں کے احساس و اظہار کی تعریف کرتے مگر ان کا خیال تھا کہ ان ادیبوں اور شاعروں میں پچانوے فیصد موت سے پہلے مر جائیں گے، باقی پانچ فیصد میں سے نصف وہ ہیں جن کے ادب میں زندہ رہنے کی صلاحیت ہی نہیں۔ ان کا خیال تھا کہ ادب و فن کو بیخ و بن سے اکھاڑنے کا نام ترقی پسندی ہے۔ وہ ان کی زبان اور ان کے اسلوب سے کچھ زیادہ خوش نہ تھے البتہ خیالات کے اس حصہ کی تعریف کرتے جس میں طبقات کے خلاف جدوجہد کا حوصلہ پایا جاتا اور محنت کشوں کو ان کا حق دلوانے کی امنگ ہوتی۔ وہ نعرہ بازی کے سخت خلاف تھے۔ ان کا نظریہ تھا کہ نفرت ادب کو ہلاک کر دیتی ہے۔ وہ نئی پود کی خودرائی سے بیزار تھے۔ ان کا خیال تھا کہ نفرت کا جواب نفرت نہیں اور نہ موجودہ نوجوان سرزنش یا تادیب سے سمجھنے کے ہیں۔ ان کے نزدیک تجربہ بہترین استاد ہے۔ فرماتے جس ادب میں زندہ رہنے کی خو بو ہی نہیں اور جو محض سیاسی نعروں سے پیدا ہوا ہے اس سے ڈرنا نہیں چاہیے بلکہ اس کو حالات کے سپرد کر دینا چاہیے۔ جونہی یہ حالات ختم ہوں گے اس قسم کا ادب بھی ختم ہو جائے گا۔

انہیں یہ احساس بھی تھا کہ ادیبوں کی نئی پود کے خیالات منہ زور ہیں لیکن زبان کمزور ہے۔ چنانچہ فن کے تسامحات پر وہ اکثر روشن آثار نوجوانوں کو ٹوک دیتے۔ ایک دفعہ تاثیر نے ان سے کہا سالک صاحب کیا "ہم نے جانا ہے یا ہم نے کرنا ہے" لکھنا درست ہے۔ فرمایا خلاف محاورہ اہل زبان ہے۔ "مجھ کو جانا ہے۔ مجھ کو کرنا ہے"، درست ہے۔ تاثیر نے کہا میں نے اپنی تحریروں میں اس قسم کے فقرے لکھے ہیں۔ اہل زبان اعتراض کرتے ہیں۔ کیا جواب دوں؟ سالک صاحب نے کہا، غلطی کا جواب کیا ہو گا۔ صاف کہیے کہ مجھے سے غلطی ہو گئی۔ تاثیر راضی نہ ہوئے۔ اصرار کرنے لگے۔ کوئی ایسا جواب بتائیے جو بظاہر معقول ہو۔ سالک صاحب نے کہا وہ تو محض سخن طرازی یا کج بحثی ہو گی۔ تاثیر نہ مانے، ضرور کوئی جواب ہونا چاہیے؟ انھوں نے کہا، تو آپ یہ کہیے کہ "نے" علامت فاعلی ہے اور "کو" علامت مفعولی۔ اگر جانا ہے کا فاعل میں ہے تو اس کے بعد "نے" ہی درست ہے "کو" کیوں کر درست ہو سکتا ہے؟ تاثیر سن کر اچھل پڑے۔ بس ٹھیک ہو گیا۔ اب زبان والوں سے نپٹ لوں گا۔ سالک صاحب نے کہا، لیکن محاورے کے اعتراض کا جواب قواعد سے اور قواعد کے اعتراض کا جواب محاورے سے دینا اصول لسانیات کے خلاف ہے۔ تاثیر کہاں مانتے وہ خود ترقی پسندوں کے آدم تھے لیکن ان کی جنت سے نکالے جاچکے تھے۔

فی الجملہ سالک صاحب ایک زندہ دل، بذلہ سنج، کہنہ مشق، خوش گفتار، پاک سیرت، نیک سرشت، دوست نواز، صاحب طرز اور نکتہ طراز ادیب تھے۔ تقریباً نصف صدی تک قلم کا ساتھ دیا۔ زندگی بھر ہزاروں صفحات لکھ ڈالے۔ انقلاب کے بیس بائیس سال کے فائل ہی گواہ ہیں۔ ہمیشہ قلم برداشتہ لکھتے۔ صبح سویرے لکھتے اور گاؤ تکیہ پر ٹیک لگا کر لکھتے۔ خط اتنا خوب صورت تھا کہ موتی پروتے۔ مولانا ابوالکلام نے ایک دفعہ ان

کے خط کی تعریف کرتے ہوئے کہا تھا سالک صاحب۔ مہر صاحب کا خط بھی آپ ہی لکھ دیا کریں۔ مہر صاحب کا خط شکستہ تھا۔ مسودات عموماً پنسل سے لکھتے۔ سفارت خانوں کے خبر ناموں کی سلپیں بنا کر عمر بھر انکی پشت پر افکار و حوادث لکھتے رہے۔ یاران کہن کا تمام مسودہ پنسل سے لکھا ہوا تھا۔ فرماتے، میرے لیے صبح سویرے ناشتہ کرنا مشکل ہے۔ افکار و حوادث یا شذرات لکھنا مشکل نہیں، وہ اتنا ہی سہل ہے جیسے چائے پی لی۔ سگریٹ سلگا لیا۔

سرگذشت کے آخر میں انھوں نے لکھا تھا۔

آج سرگذشت ختم ہوتی ہے۔ ۱۵/اگست کو پاکستان قائم ہو گیا۔ اس وقت کے بعد کی سرگذشت لکھنا بے حد دشوار ہے۔ میں ابھی اپنے دل و دماغ اور اپنے قلم میں اتنی صلاحیت نہیں پاتا کہ جو کچھ میں نے دیکھا اور سنا اور بساط سیاست پر شاطرین نے جو چالیں چلیں۔ ان کو قلمبند کر سکوں اور شاید اس سرگذشت کو فاش انداز میں لکھنا مصلحت بھی نہیں۔ اگر چند سال حیات مستعار باقی ہے تو انشاء اللہ سرگذشت کا دوسرا حصہ بھی مرتب ہو گا۔ اور لکھنے والا ہی نہ رہا تو اللہ اللہ۔۔۔ کار دنیا کسے تمام نکرو۔

آخر ۲۷/ستمبر ۱۹۵۹ء کو اس سرگذشت کا "تمت بالخیر" ہو گیا۔ الھم اغفرلہ۔

***

سنگاپور کا میجر حسرت

سید ضمیر جعفری

دوسری عالمگیر جنگ کے خاتمے پر جب اتحادی قابض فوجیں ملایا کے ساحل پر اتریں تو مولانا چراغ حسن حسرتؔ اس کے ہراول دستوں میں شامل تھے۔ آپ دو سال سے کچھ اوپر سنگاپور میں مقیم رہے۔

مولانا حسرتؔ جنوب مشرقی ایشیائی کمان کے شعبہ تعلقاتِ عامہ سے وابستہ تھے اور ہیڈ کوارٹر سے شائع ہونے والے ہندوستانی عسکری اخبارات کی ادارت و نگرانی کا فریضہ ان کے سپرد تھا۔

ہم دونوں (مسعود و ضمیر) ان کے نائب و معاون کی حیثیت میں اس شعبے سے متعلق تھے۔ ہمیں اپنی اس خوش بختی پر بڑا فخر ہے کہ ہمیں اپنے زمانے کے ایک صاحب طرز انشا پرداز، ایک بڑے صحافی اور ایک بہت بڑے انسان کو بہت قریب اور بڑی تفصیل سے دیکھنے کا موقع ملا ہے۔ جو لوگ اجنبی سرزمینوں میں فاتح لشکروں کی زندگی کا تجربہ رکھتے ہیں وہ اس امر کا اندازہ کر سکتے ہیں کہ ہمیں حسرتؔ صاحب سے کتنا اور کیسا تقرب حاصل رہا ہو گا۔ وہ یہ بھی جانتے ہیں کہ یہ زندگی کسی چہرے پر کوئی نقاب باقی نہیں رہنے دیتی۔

ہمارے رفقاء میں سے کیپٹن (اب لیفٹیننٹ کرنل) جاوید خٹک۔ کیپٹن (اب

کمانڈر) حسن عسکری جو ادبی دنیا میں ابنِ سعید کے نام سے مشہور ہیں۔ میجر احمد علی خاں جو آج کل برطانیہ میں پاکستان کے معتمدِ تجارت ہیں۔ کیپٹن انعام قاضی اور کیپٹن (اب لیفٹیننٹ کرنل) رشید حیات پاکستان کے حصے میں آئے ہیں۔ یہ سب دوست وہاں 'قوم' کے نام سے یاد کیے جاتے تھے اور حسرتؔ اس 'قوم' کے 'مرشد' تھے۔ پھر آگے 'قوم' کے بھی اندر مسعودؔ اور ضمیرؔ کو مرشد کا خصوصی قرب حاصل تھا۔ مسعود دفتر میں ان کا نمبر ۳ تھا اور ضمیرؔ دفتر سے باہر ان کا ایڈی کانگ!

اس مطالعے سے اسی دور کے حسرتؔ کا تذکرہ مقصود ہے۔ چند جھلکیاں، چند باتیں، چند یادیں!

ہمارے لکھنے کا طریق کار یہ رہا ہے کہ واقعات کی ترتیب میں۔۔۔ قربتوں اور فاصلوں کے مطابق، کچھ حصہ مسعودؔ نے لکھا ہے وار کچھ ضمیرؔ نے۔ مولانا جہاں ایک کے ہاتھ سے نکل کر دوسرے کے قبضے میں چلے گئے ہیں، ایک نے قلم روک کر مضمون بلکہ یوں کہنا چاہیے کہ مولانا کو دوسرے کے سپرد کر دیا ہے۔

مولانا حسرتؔ کی بے وقت موت ہماری تہذیبی تاریخ کا ایک عظیم سانحہ ہے۔ یہ ایک فرد کی موت نہیں، ایک روایت، ایک ادارے کی موت ہے۔ ہم نیاز مندوں کے لیے ان کی موت ایک گہرے ذاتی زخم کی حیثیت رکھتی ہے۔ زندگی میں کسی کے ساتھ دو قدم چل کر بچھڑ جانے پر قلق ہوتا ہے۔ یہ تو اس دوست کا بچھڑنا ہے جس کے ساتھ ہم کامل دو برس تک ایک دفتر ہی نہیں، ایک گھر میں بھی رہے۔۔۔ یہ تو اس مرشد کی رخصت کا دائمی گھاؤ ہے جس کے قدموں میں بیٹھ کر ہم نے قلم پکڑنا سیکھا ہے۔۔۔ یہ تو اس انجمن کے اجڑ جانے کا ماتم ہے کہ جس کی روشنی ہی کے سبب آج ہم اپنی زندگی کو ایک

غیر معمولی متاع سمجھتے ہیں۔ یہ غم تو اب جان کے ساتھ ہی جائے گا۔ لیکن اس مضمون میں تحریر کے انداز کو ہم نے عمداً ہلکا پھُلکا رکھا ہے۔ ہمارا عقیدہ ہے کہ روتے بسورتے لہجہ میں مولانا کی شخصیت سے انصاف کرنا تو کجا، ان کو چھو سکنا بھی ناممکن ہے۔ ہم نے مرشد کے تذکرے کے لیے وہی اسلوب چنا ہے جو خود ان کا اسلوبِ حیات تھا۔ ہم حسرتؔ صاحب کی پسند و ناپسند سے واقف ہیں۔ ہم اپنے مرشد کو جانتے ہیں۔

(م-ض)

لیجیے اب ضمیر سے سنیے:

مرشد مجھ سے پہلے سنگاپور پہنچ چکے تھے۔ جاوید کے ہمراہ جس وقت میں ہالینڈ پارک کے ایک وسیع، دلکشا بنگلے کے اندر پہنچا تو مرشد۔۔۔ قوم کے دل میں بیٹھے ہوئے دوپہر کا کھانا کھا رہے تھے۔ میں "شیرزہ" کے زمانے سے ان کا نیاز مند تھا۔ دیکھتے ہی کھانا چھوڑ کر مجھ سے لپٹ گئے۔ اپنے پہلو میں بٹھالیا اور پھر لنچ کی اسی ایک نشست میں بیٹھے بیٹھے ڈھیروں باتیں کر ڈالیں۔

"خوب پہنچے ہو میرے بھائی۔ آج رات ظہیرؔ کی سال گرہ کی دعوت ہے۔ مولانا آج ہمیں ایک گا کر پڑھنے والے شاعر کی سخت ضرورت تھی۔ سبحان اللہ لاہور کا بکھرا ہوا شیرازہ، کہاں آکر جمع ہو رہا ہے۔۔۔ لو چانولوں پر یہ ٹِن کی مچھلی بچھا کر کھاؤ۔ یہاں تو یہی کچھ مردار کھانے کو ملے گا میاں! وہ تمہاری یونینسٹ قسم کی روٹی یہاں کہاں؟"

اب حاضرین سے تعارف شروع ہوا:

"وہ جناب انعام قاضی ہیں۔ تم ان کا نام غالباً پہلی مرتبہ سُن رہے ہو مگر مشہور ادیب ہیں۔۔۔ وہ دھان پان صاحبزادے مولانا عسکری ہیں۔ جاوید کی رائے میں اپنے نامور والد میرزا محمد سعید دہلوی سے بھی بڑے ادیب ہیں۔۔۔ یہ رشید حیات ہیں، بس

رشید حیات، محض و خالص۔ جاویدؔ سے بھی مل چکے ہو۔ آپ چلم اور فلم سے ہو کر علم کے کوچے میں وارد ہوئے ہیں۔۔۔ اور حضرات یہ مولانا ضمرؔ جعفری ہیں۔ جہلم کے رہنے والے، جہاں کے لوگ خدا کے تصور کے لیے اٹھانے دار کو دیکھتے ہیں۔"

پھر اس شام ظہیرؔ کی سالگرہ منائی گئی۔ یہ ظہیرؔ سے ان کی بے اندازہ محبت کی پہلی جھلک تھی جو ہم نے دیکھی۔ مرشد نے جزیرے کے تقریباً سبھی انڈین افسروں کو مدعو کر رکھا تھا۔ دو چار خوش ذوق انگریز جوڑے بھی موجود تھے۔ محفل جمی۔ تو مرشد میزبان کے بجائے کچھ اس طرح مہمان سے بنے بیٹھے رہے جیسے انہیں اپنے سگریٹ کے علاوہ کسی چیز سے کوئی واسطہ نہ ہو۔۔۔ مرنے کی ادا یاد نہ جینے کی ادا یاد۔۔۔ مگر جب پھر بوتلوں کے کاگ اڑنے لگے تو مرشد نے چہکنا شروع کیا اور اب جو منظر بدلا ہے تو پوری انجمن گویا تنہا حسرتؔ کی ذات سے عبارت تھی۔ میجر احمد علی خاں کے الفاظ میں حسرتؔ کا چراغ روشن ہو گیا۔ ان کے لبوں سے شعر و ادب، تاریخ و تصوف، طنز و ظرافت، زندگی اور اس کی چاندنی کا ایک سُبک آبشار جاری تھا۔۔۔ تجھے ہم ولی سمجھتے جو نہ بادہ خوار ہوتا۔

یہ محفل، جو مرشد کی اصطلاح میں "بزمِ ہاؤ و ہُو" کہلاتی تھی۔ اگلی صبح کے کوئی تین بجے تک قائم رہی۔ یوں کہنا چاہیے کہ مرشد اپنے چند جاں نثاروں کے ساتھ قائم رہے ورنہ تین چوتھائی محفل وہیں کرسیوں پر پاؤں پسار کر سو گئی تھی۔ مرشد تو وہیں کھڑے کھڑے "صبوحی" تک لگا دینے کا حوصلہ و ارادہ رکھتے تھے مگر نہ معلوم شاید ذخیرہ ختم ہو گیا تھا یا شاید جس کسی میں ابھی تک دوسرے کو تھامنے پکڑنے کی سکت باقی تھی وہ ان کو تھام پکڑ کر خواب گاہ میں لے گیا اور یہ محفل بالآخر اس طرح ختم ہوئی کہ اس کو جمتے تو سب نے دیکھا تھا مگر برخاست ہوتے شاید ہی کسی نے دیکھا۔ نسبتاً ہوش مند لوگوں کو ڈر تھا کہ اگر کل صبح انہیں لوگوں نے دفتر لگانا ہے تو یہ دفتر لگ چکا۔ مرشد کی نسبت سب کو قطعی

یقین تھا کہ وہ کل کیا معنی، اب ایک پورے ہفتے کے لیے گویا معطل ہو گئے مگر پھر دوسری صبح کو جو پہلی آواز ہالینڈ پارک کے خوبصورت گنبدوں اور روشن غلام گردشوں میں گونجتی ہوئی سنائی دی وہ مرشد کی آواز تھی۔

"جاوید، عسکریؔ، ضمیرؔ۔۔۔ قاضی صاحب۔"

"ارے او ساون کے بادلو!"

"ابے او خبیثو!!"

اور بھاگم بھاگ ہم لوگ جب تیار ہو کر ناشتے کے میز پر پہنچے تو وہ پیتے کے آخری پرزے کو کانٹے کی نوک پر بٹھا کر خود دفتر جانے کے لیے تیار کھڑے تھے۔ جہاں سہ پہر تک اب انہیں مسعودؔ کے قبضے میں رہنا تھا۔ لہٰذا یہ رُوداد مسعودؔ ہی سے سنیے:

مجھے دفتر میں ان کا نمبر ۳ ہونے کا امتیاز حاصل تھا۔ اس سے پہلے میں کلکتہ میں ان کے ساتھ کام کر چکا تھا۔ مرشد میرے لیے کوئی نئے 'باس' نہ تھے۔ سنگاپور پہنچا تو پہلے ہی روز مجھے پورے اعتماد میں لیتے ہوئے فرمایا:

"مولانا آپ کا انتظار ہی کر رہا تھا۔ اب یہ کام سنبھالیں۔ میں بڈھا آدمی ہوں۔ مجھے آرام کرنے دیں۔ میں چاہتا ہوں کچھ پڑھنے کا وقت مل جائے، کچھ گھوم پھر لوں۔ آپ کی تھوڑی بہت مدد کر دیا کروں گا۔"

اس تمام وقفہ میں سگریٹ منہ سے نہیں نکلی۔ دھواں آنکھوں میں جا رہا تھا۔ کبھی کبھی تو یہ گمان ہوتا کہ دھواں آنکھوں میں جا نہیں رہا، آنکھوں سے آ رہا ہے۔ درمیان میں جھنجلا کر آنکھیں ملنے بھی لگتے۔ لیکن آنکھوں کی جلن اور سگریٹ کے دھوئیں میں کوئی رشتہ شاید وہ کبھی دریافت نہ کر سکے تھے۔ علل و معلول کی اکثر کارفرمائیوں سے مرشد عموماً بے تعلق و بے نیاز ہی رہے۔

"ہاں تو مولانا مسعود صاحب بہت اچھا ہوا کہ آپ آگئے۔۔۔ لو بھئی چائے اور یہ سگریٹ۔۔۔ جاوید ماچس۔۔۔ سنگاپور کو آپ کلکتہ سے زیادہ تقویٰ شکن پائیں گے۔"

اتنے میں مجھے کپڑا جلنے کی بو سی آئی۔ میں نے کہا۔ "مولانا کہیں کوئی کپڑا تو نہیں جل رہا؟" بولے۔ "آپ کہہ رہے ہیں تو ضرور جل رہا ہو گا۔ آپ بڑے خطرناک آدمی ہیں"۔۔۔ پھر ذرا چلا کر بولے۔۔۔ "ارے قاضی صاحب ذرا ادھر تو تشریف لائیں۔۔۔ دیکھیے کوئی کپڑا تو نہیں جل رہا؟ یہ کہیں سے بو سی کیا آرہی ہے؟"۔۔۔ اس "کہیں سے بو" کا راز یہ کھلا کہ جناب کی پتلون کا پائنچا چار پانچ انچ کے قریب راکھ ہو چکا تھا۔ فرمانے لگے۔ "مولانا یہ سگریٹ بھی بڑی واہیات چیز ہے، سوچتا ہوں کہ اس لعنت کو چھوڑ ہی دوں"۔ اور شام تک سگریٹ اور ماچس کے خالی بکسوں سے آدھی ٹوکری بھری پڑی تھی۔

مرشد کی باتیں کرتے ہوئے تسلسل یا اسلوب کا قائم رکھنا مشکل ہو جاتا ہے۔ خود انہوں نے زندگی کو اسلوب کی بندشوں میں کبھی قید نہ ہونے دیا۔ فوج کے سخت گیر ضوابط بھی انہیں کبھی پابند نہ کر سکے۔ ایک مرتبہ جب افسرِ اعلیٰ نے کسی بات پر باز پُرس کی تو جواب میں یہ شعر لکھ بھیجا۔

جرمنی ختم اور اس کے ساتھ جاپانی بھی ختم
تیری کرنیلی بھی ختم اور میری کپتانی بھی ختم

کلکتے کی بات ہے ایک روز دفتر چلے آرہے ہیں۔ اس شان سے کہ منہ میں سگریٹ ہے۔ فیلڈ سروس ٹوپی بغل میں دبی ہوئی ہے اور کندھوں پر ایک طرف تین اسٹار لگے ہیں اور دوسری طرف دو۔

میرے وہاں پہنچنے پر مرشد نے مطالعہ کی اک ذرا سی فرصت اور سیر و سیاحت کی

اک تھوڑی سی مہلت کے عوض اپنے تمام فرائض مجھے تفویض کر دینے کا فرمان تو جاری کر دیا مگر ہمیں معلوم تھا کہ یہ سب کہنے کی باتیں ہیں۔ مطالعہ کے لیے مرشد کو مہلت کی ضرورت ہی نہ تھی۔ جس طرح اور لوگ کتاب پڑھتے ہیں اس طرح ہم نے انہیں پڑھتے کبھی نہیں دیکھا۔ ان کی کیفیت تو کچھ ایسی تھی کہ کتاب اٹھائی، اسے چھوا، ٹٹولا، سونگھا، چند ایک ورق الٹ پلٹ کر دیکھے اور بس۔ اس کے بعد وہ کسی باطنی عمل سے کتاب کا نفسِ مضمون، کتاب کی رُوح، سب کی سب، اپنے ذہن میں منتقل کر لیتے۔ دوسرے روز آپ اس کتاب کے متعلق بات کریں تو اور اس کے کرداروں کا حسب نسب، کہانی کی اٹھان، اس کی کمزوریاں اور خوبیاں، مصنف کا اسٹائل اور فلسفہ اور پھر دس اور کتابوں سے اس کی جزئیات کا موازنہ، یہ سب یوں بیان کر جاتے جیسے یہ کتاب انھوں نے مکتب میں سبقاً پڑھی ہو۔

رہی سیر و سیاحت کی فرصت، تو یہ بھی ایک طرح کی آرزو ہی تھی جسے عملی رنگ دینے کا ارادہ مرشد نے غالباً کبھی کیا ہی نہ تھا۔ سچ مچ کی سیر و سیاحت مرشد کے بس کی بات ہی نہ تھی۔ پھر سیر کے لیے انہیں طول طویل راستے ناپنے کی ضرورت بھی کیا تھی۔ حسن ان کے لیے ایک داخلی کیفیت تھی۔ حسن ان کی آنکھوں اور ان کے دل میں تھا۔ خارجی اسباب کا سہارا اگر انہیں درکار تھا تو نہایت سُبک سا۔ میس کی ایک کھڑکی سے جھانکو تو چھالیہ کے کشیدہ قامت پیڑوں کے جھنڈ آپس میں سرگوشیاں کرتے نظر آتے تھے۔ دوسری طرف بالکنی کے باہر چینی چیری کا ایک تناور درخت باہیں پھیلائے کھڑا تھا۔ پشت کو اٹھتی ہوئی پہاڑی کی پیشانی پر ایک عرب رئیس کا بنگلہ تھا جس کے زمردیں لان اوپر سے لڑھکتے، پھسلتے ہمارے میس کے حاشیے پر آکر کہیں رکتے تھے۔ ذراہٹ کر ناریل کے پیڑ ایک دوسرے پر جھکے ہوئے تھے جن کا منظر چاندنی راتوں میں بڑا فسوں خیز ہوتا

تھا۔ مرشد فرمایا کرتے۔ چانسری لین کے مناظر جس شخص کے ذوق کی تسکین نہیں کرسکتے اس گدھے کو سارے سوئٹزرلینڈ میں گھمالائیے تو بھی اسے کے پلے کچھ نہیں پڑے گا۔

اب آپ سمجھ گئے ہوں گے کہ مطالعہ وسیاحت کی فرصت کی خاطر دفتر کا کاروبار میرے حوالے کرنا مرشد کی ایک ادا تھی۔ لیکن اس ادا میں تصنع یا تکلف ہرگز نہ تھا۔ مجھے یقین ہے کہ وہ اس وقت اپنی باتوں پر واقعی یقین کررہے تھے۔ ہوسکتا ہے کہ دل ہی دل میں انہوں نے بالی کے سفر کا کوئی تفصیلی نقشہ بھی کھینچ رکھا ہو۔ مجھے کچھ ایسا خیال پڑتا ہے کہ اس روز مرشد کوئی آدھ گھنٹہ پہلے ہی دفتر سے اٹھ کر چلے گئے تھے۔ دوسرے دن صبح کو ناشتے کے میز پر بھی موجود نہیں تھے۔ کمرے میں جھانکا تو دیکھا کہ کرتے پاجامے میں لیٹے "سٹوری آف سان مائیکل" میں مستغرق ہیں۔ "سٹوری آف سان مائکل" مرشد کی تازہ ترین دریافت تھی۔ فرمایا۔ "مولانا اس سے بہتر کتاب میں نے تو آج تک نہیں پڑھی"۔ لیکن بعد میں ہم اس طرح کے غلو کے عادی ہوگئے۔ مُرشد کا انداز ہی یہ تھا۔ ان کے مطالعہ کی کتابیں منتخب تو ہوتی ہی تھیں، بس جو کتاب شروع کرتے، اس کے عشق میں مبتلا ہو جاتے۔ "سٹوری آف سان مائیکل" سے پہلے ٹالسٹائی کی "وار اینڈ پیس" دنیا کی بہترین کتاب تھی اور اس سے پہلے ہکسلے کی "ایلس ان غازہ"۔

ہم نے پوچھا" آپ دفتر میں تو نہیں تشریف لے جائیں گے"۔ بولے۔ "مولانا مجھے تو آپ چھٹی ہی دے دیں۔ میں چاہتا ہوں۔ مگر ہاں دیکھیے کوئی دس بجے کے قریب جیپ بھیج دیجیے گا۔ ذرا ریفلز لائبریری کا چکر لگا آؤں گا۔ ممکن ہے تھوڑی دیر کو دفتر میں بھی آنکلوں۔"

ہمارا دفتر سیسل اسٹریٹ میں ایک عمارت کی بالائی منزل میں تھا۔ سیسل اسٹریٹ کو

سنگاپور کی فلیٹ اسٹریٹ کہہ لیجیے۔ اس زمانے میں سنگاپور کے تمام انگریزی اور ملائی روزنامے وہیں سے نکلتے تھے۔ جس جگہ ہم بیٹھتے تھے وہ جنگ سے پہلے ایک ڈچ تجارتی کمپنی کا دفتر تھا جو ملایا سے ربڑ اور مسالے برآمد اور ڈنمارک سے بیئر درآمد کرتی تھی۔ دفتر کیا تھا ایک وسیع ہال تھا جو کسی زمانے میں پارٹیشنوں سے مزین ہو گیا مگر جاپانیوں کے چار سالہ تسلط میں ان تکلفات کا نام و نشان مٹ چکا تھا۔ جاپانی جس عمارت میں ایک مرتبہ بسیرا کر گئے اس کے دروازے، کھڑکیاں تک غائب ہو جاتیں۔ ساگوان کی بیش بہا الماریوں کو توڑ کر چاول ابالنے کے لیے چولہا سلگا لینا ان کے لئے کوئی غیر معمولی بات نہ تھی۔ الغرض ہمارا دفتر بالکل ننگ دھڑنگ قسم کا دفتر تھا۔ جس کے چوبی فرش پر بھاری بھرکم فوجی بوٹ ہر وقت ایک زلزلہ بپا کیے رکھتے تھے۔ ابھی دس بج کر کچھ منٹ ہی گئے تھے کہ اس زلزلے کی لرز اور گرج میں ایک نئی شدت پیدا ہو گئی اور ہم سمجھ گئے کہ مرشد تشریف لے آئے۔ موٹی موٹی کتابوں کا ایک "دو بغل بھر پلندہ" ریک میں پھینکا، ٹوپی اتاری، سگریٹ منہ میں اڑسی اور ماچس کھٹکھٹاتے ہوئے بیٹھ گئے۔ ہم جانتے تھے کہ مُرشد اخبار سے جدائی زیادہ دیر تک برداشت نہیں کر سکیں گے۔ مرشد کی نظروں میں ہم سب جاہل تھے۔ کوئی ذرا کم، کوئی قدرے زیادہ۔ اخبار وہ بالکل ہمارے ہاتھوں میں کیسے چھوڑ سکتے تھے؟ چنانچہ آتے ہی جائزہ شروع ہو جاتا:

"مولانا لائیے تو ادھر، یہ آپ کیا لکھ رہے ہیں۔ مولانا یہ کوئی سُرخی تو نہ ہوئی۔ ہمیں تو یہی بتایا گیا تھا کہ خبر کی سُرخی میں پہلی سطر جملہ فعلیہ خبریہ ہونا چاہیے۔ آپ کو شاید ان سے تعارف نہ ہو لیکن مولانا! متبدا اور خبر، مضاف اور مضاف الیہ میں ایک بہت قریبی رشتہ ہوتا ہے۔ اور۔۔۔ بھئی محرم علی میں آپ سے عرض کر چکا ہوں کہ آپ ہر صبح کاتبوں کے قلم ضرور دیکھ لیا کریں۔ کل کی سرخیاں تو ایک دوسرے کو کھانے کو دوڑ رہی

تھیں۔ حمید صاحب "نون" کا دائرہ بنانے کی مشق اگر آپ نے لگ کر چار پانچ برس کر لی تو آپ "نون" بنالیا کریں گے۔ فی الحال تو آپ کا نون فیروز خاں نون کا "نون" معلوم ہوتا ہے۔"

تعریف کے معاملے میں مرشد شقاوت کی حد تک سخت تھے۔ کچھ تو اس لیے کہ دوسروں کو ناپتے جانچتے وقت شاید نادانستہ دوسروں کا موازنہ اپنے ساتھ کر جاتے تھے اور ظاہر ہے کہ موازنہ ان سے ہو تو تعریف کے قابل کون نکلے؟۔ پھر انہیں یہ خیال بھی تھا کہ علم و ادب سے تعلق رکھنے والے آج کل کے نوجوانوں کی برخود غلطی پہلے ہی تشویش ناک صورت اختیار کر چکی ہے انہوں نے تعریف کر دی تو مبادا دماغ بھی خراب ہو جائے۔ وہ حیران ہوتے تھے کہ یہ کیسا دور آگیا ہے کہ لوگ قواعد کے ابتدائی اصول جانے بغیر، عربی و فارسی کی تحصیل کے بغیر، اساتذہ کے کلام کا مطالعہ کیے بغیر، شعر کی تہذیب اور اس کا مزاج سمجھے بغیر، مصنف اور شاعر بن بیٹھتے ہیں۔ 'مست قلندر' میں ایک افسانہ چھپ گیا، چلو افسانہ نگار بن گئے۔ "پھلجھڑی" نے ایک غزل شائع کر دی، لیجیے شاعر ہو گئے۔ پھر تحسین باہمی کے حلقے قائم کر کے جہالت کے حصاروں میں قید ہو کر بیٹھ گئے۔

ایک مرتبہ مجھے بھی مزاحیہ کالم لکھنے کا شوق پیدا ہوا تھا۔ پہلے روز کالم مرشد کو دکھایا۔ کالم پر نگاہ جماتے سگرٹ سے سگرٹ سلگاتے گئے۔ پڑھ چکے تو سگرٹ کے کش بیچوں بیچ ایک مبہم سی "ہونہہ" کہہ کر کاغذ مجھے دے دیا۔ منہ لٹکائے ہوئے میں واپس اپنی جگہ پر آبیٹھا۔ دوسرے روز پوچھتے ہیں۔ "مولانا وہ اپنا کالم آپ نے کیا کیا، آج کے اخبار میں تو نہیں ہے۔" میں نے عرض کیا۔ "پھاڑ کر پھینک دیا تھا"۔ فرمایا۔ "دے دیتے کیا ہرج تھا۔ اور لغویات بھی تو چھپتی رہتی ہیں"۔ مرشد کی زبان سے یہ بھی گویا حوصلہ

افزائی کے کلمات تھے۔ اس کے بعد کبھی کبھار میں کالم لکھ کر مرشد کے پاس لے جاتا اور ان سے "ہونہہ" وصول ہو جاتی جو کالم کی اشاعت کی اجازت بھی ہوتی۔

ایک روز تو انہوں نے تعریف کی حد ہی کر دی۔ ارشاد ہوا۔ "مولانا اگر آپ محنت کریں تو ممکن ہے ایک روز آپ کو کالم لکھنا آجائے۔ آپ کو یہ بہت بڑا ایڈوینٹج ہے کہ آپ اَن پڑھ ہیں اس لیے آپ فلاں یا فلاں کے اسلوب نقل کرنے کے بجائے خود اپنی سیدھی سادی زبان میں بات کہہ جاتے ہیں۔ یہ تحریر کی بڑی خوبی ہوتی ہے۔ نگارش کی اپنی طرز اسی سے بنتی اور نکھرتی ہے"۔ ان دو جملوں کے علاوہ مرشد کے منہ سے کبھی اور کوئی توصیفی کلمہ سننا نصیب نہ ہوا، اگرچہ پسِ پشت وہ اپنے شاگردوں کی تھوڑی بہت تعریف کر دیا کرتے تھے۔

مرشد کے ساتھ کام کرنا تلوار کی دھار پر چلنا تھا۔ معمولی سے معمولی غلطی کو اپنے اسلوبِ طنز کی تازگی کے ساتھ وہ مہینوں تر و تازہ رکھتے۔ یہ ناممکن تھا کہ کسی روز وہ کام سے مطمئن ہو جائیں یا کھل کر شاباش دے جائیں۔ معیار کے معاملہ میں وہ قدم قدم پر مولانا ابوالکلام آزادؔ، مولانا جالبؔ اور نصیر حسین خیال کا حوالہ دیتے۔ ضمیرؔ کی رائے تھی کہ اگر مولانا آزادؔ، مولانا جالبؔ اور نواب خیال بھی ان کے سٹاف میں ہوتے تو ان کا مرتب کیا ہوا اخبار مرشد کے معیار پر شاید ہی پورا اترتا۔ مرشد کے ساتھ کام کرتے ہوئے ایک عجیب سی گھٹن طاری رہتی تھی مگر ان کے جانے کے بعد ہی محسوس ہوا کہ اس گھٹن سے ہم نے کتنا کچھ سیکھا اور ان کی نظر اپنے پیشے میں ہمارے قد و قامت کو کتنا اونچا لے گئی تھی۔ علم و فن پر ان کا اپنا انداز طالب علمانہ تھا۔ اپنے آپ انہوں نے کبھی فارغ التحصیل نہیں سمجھا۔ وہ ہمیشہ، ہر وقت، علم کے اکتساب میں مصروف رہے۔ کہا کرتے۔ "اخبار نویسی کرتے پچیس برس ہو گئے ہیں لیکن یہاں فوج میں آکر اور پبلک ریلیشنز کے

اپنے ساتھی انگریز صحافیوں کے کام کو دیکھ کر صحافت کے کئی گُر اب سمجھ میں آئے ہیں"۔ فرینک اون کے آپ بڑے مداح تھے۔ فرینک اون ان دنوں برطانوی فوجوں کے اخبار "سنی آک" کا ایڈیٹر یعنی انگریزوں کا چراغ حسن حسرت تھا۔ آج کل وہ غالباً برطانیہ کے سب سے کثیر الاشاعت روزنامہ ڈیلی میل کا ایڈیٹر ہے۔

سنگاپور میں "دوالفکیر" کتابوں کی ایک بڑی دکان تھی جس کے مالک ایک مدراسی مسلمان تھے۔ مدراس میں عبد الفقیر نام عام سننے میں آتا ہے۔ پتہ نہیں "دوالفکیر" ۔۔۔ عبد الفقیر ہی کا مخفف تھا یا ذوالفقار کی مالاباری شکل۔ مرشد اسی تجسس میں دو ایک مرتبہ اس دکان پر گئے اور پھر یہ معمول بن گیا کہ دفتر سے واپسی پر وہاں ضرور رُک جاتے۔ سنگاپور کی مرطوب آب وہوا میں ساری دوپہر کام کرنے کے بعد ہمیں گھر جانے کی جلدی ہوتی مگر مرشد ہیں کہ دکان میں کھڑے ایک شیلف سے دوسرے شیلف اور دوسرے سے تیسرے کی طرف کھچے چلے جارہے ہیں۔ کتابوں کی دکان کے اندر جاکر وہ باہر نکلنے کا راستہ ہی بھول جاتے۔ ایک ایک کتاب سے تانک جھانک ہو رہی ہے۔ ادھر ہم دروازے پر کھڑے یا جیپ میں بیٹھے انہیں کوس رہے ہیں۔ بعض اوقات ہم انہیں اتار کر خود چپکے سے فرار ہوجاتے اور جیپ واپس بھیج دیتے۔ مرشد کو اس پر بڑا دُکھ ہوتا۔ اس لیے نہیں کہ ہم نے ان کا انتظار کیوں نہ کیا، اس لیے کہ ان کے ساتھ اکٹھے رہنے اور کام کرنے کے باوجود ہم اتنے کور ذوق اور بے حس کیوں تھے کہ کتابیں قطار در قطار اور منزل بہ منزل رکھی ہیں مگر ہم میس کی طرف دوڑ رہے ہیں۔ مرشد کا بس چلتا تو وہ میس کے بجائے "دو الفکیر" یا کتابوں کی کسی دوسری دکان میں بستر لاڈالتے۔

دفتر سے مرشد کبھی غیر حاضر نہیں ہوئے۔ ویسے ارادہ انہوں نے کئی مرتبہ کیا۔ بعض اوقات محض اس خیال سے کہ یونٹ کا افسر کمانڈنگ ہونے کی وجہ سے ان میں اور

دوسروں میں آخر فرق ہی کیا ہوا؟ ان سے آخر کون سوال کر سکے گا کہ آپ دفتر کیوں نہیں آئے؟ مگر پھر دفتر کے بغیر جی بھی نہ لگتا۔ ایک دو گھنٹے کے بعد ٹیلی فون آتا کہ جیپ بھیج دو۔ دفتر آئے اور کوئی چیز لکھنے بیٹھ گئے۔ ایک دفعہ اردو کے شاعروں کے تذکرے کا ایک سلسلہ اخبار میں شروع کر دیا اور کسی کتاب یا حوالہ کی مدد لیے بغیر بیسیوں شعراء بھگتا دیے۔ جن شاعروں کا ہم میں سے کسی کو نام بھی یاد نہ تھا، ان کی تاریخ پیدائش اور تاریخ وفات ہی نہیں، بلکہ ان تاریخوں میں اختلافات کی بحث، ان کے کلام کی خصوصیات اور چیدہ چیدہ اشعار یوں قلم بند کرتے جاتے جیسے کہیں سے نقل کر رہے ہوں۔

قلم اور زبان پر مرشد کا جتنا زور چلتا تھا زندگی کے دوسرے مسائل اتنے ہی ان کے قابو سے باہر تھے۔ کسی ارادے کی تکمیل ان سے نہیں ہو سکی۔ ویسے جناب کے ارادے بھی ناقابل عمل ہوتے۔ مثلاً وہی بالی کے سفر کا ارادہ لیجیے۔ جس کی طرف سرسری سا اشارہ اوپر آ چکا ہے۔ اس زمانے میں بالی کا سفر اتنا ہی آسان تھا جتنا کہ پک نک پر راولپنڈی سے واہ تک چلے جانا ہے۔ ایئر فورس کے ہوائی جہاز چاروں طرف بھاگے پھرتے تھے۔ اور پبلک ریلیشنز کا نام ہر سفر کے لیے کھل جا سم سم کے معنی رکھتا تھا۔ لیکن مرشد بھلا عوام الناس کی طرح سفر کیوں کرتے؟ مرشد کے بالی کے سفر کا تصور یہ تھا کہ ضمیر ان کے ساتھ ہو۔ کچھ پیدل، کچھ اکّوں پر اور کچھ ٹٹوؤں پر وہ ایک گاؤں سے دوسرے گاؤں پہنچیں۔ کھانے کا وقت جہاں آ جائے پڑاؤ کر کے وہیں چولہا روشن کیا جائے۔ ایک آدمی لکڑیاں چن رہا ہو، دوسرا دیگچی مانجھ رہا ہو اور پگڈنڈی کے کنارے مرغی بھونی جا رہی ہو۔ اس طرح کا ایک اور شاعرانہ ارادہ ان کا یہ تھا کہ سنگاپور سے دو چار میل پر ایک چھوٹا سا جزیرہ وہ پٹے پر لے لیں اور باقی زندگی وہاں مطالعہ و تصنیف میں گذار دیں۔ گھنٹوں اس سکیم کا ذکر اذکار رہتا۔ ایک دفعہ میں نے نہایت ہی غیر شاعرانہ سوال کر دیا کہ اس غیر

آباد جزیرے پر بسر اوقات کی کیا صورت ہوگی۔ فرمایا۔ " بھئی یہ جزیرے تو اللہ تعالی نے جنت کے نمونے پر بنائے ہیں کہ فکرِ روزگار کا وہاں گذر تک نہیں ہے۔ اس مٹی میں آپ دھان کی مُٹھی اٹھا کر پھینک دیں اور دوسرے مہینے فصل لپیٹ لیں۔ کھانے کے لیے مرغیاں پالیے۔ پھر ناریل ہیں کہ آپ کے لیے اکل و شرب کے قاب سر پر اٹھائے کھڑے ہیں۔ صبح صبح ایک کشتی میں بیٹھ گئے اور کچھ تازہ بہ تازہ نَو بہ نَو مچھلی پکڑ لائے۔ مولانا انسان کو اور کیا چاہیے ؟"۔ مرشد دراصل اپنی ذات میں ایک وضع اور ایک تہذیب کے سیمبل تھے۔ لوگ کہتے ہیں مولانا چراغ حسن حسرت کا نام ہمیشہ زندہ رہے گا، ان کا جسد فانی ختم ہو گیا مگر ان کا نام کبھی ختم نہ ہو گا۔ ممکن ہے یہ سب درست ہو لیکن ہمیں اس میں تسلی کا کوئی سامان نہیں ملتا۔ حسرت کا نام زندہ رہ سکتا ہے مگر ہم جانتے ہیں ہمارا مرشد اب یہاں نہیں ہے اور اس کے ساتھ ہی ادب و فن اور تہذیب و وضع داری کا ایک پورا دور تاریخ کے ایک موڑ کے ادھر او جھل ہو گیا ہے۔ مکتب ہی نہ رہے تو اب کون ہو گا جو گھنٹوں اس تحقیق میں لگا رہے کہ جُوں جُوں کے بعد تُوں تُوں کہا جاتا ہے تو کیوں کہا جاتا ہے۔ آج کسی لکھنے والے کی تحریر میں محاورے یا گریمر کی کسی غلطی کی طرف اشارہ کیا جائے تو جواب ملتا ہے کہ جناب میں تو اس کو اسی طرح درست سمجھتا ہوں۔ مرشد ذرا سے اشتباہ پر سند کے لیے پریشان ہو جاتے تھے۔ "سالک صاحب فلاں محاورے کے متعلق کچھ الجھن سی لاحق ہو رہی ہے۔ کچھ یاد پڑتا ہے کہ منشی دیا شنکر نسیم نے اس محاورے کو اس طرح باندھا ہے مگر اب وہ مقام ذہن سے اتر گیا ہے۔ آپ کے ذہن میں تو کوئی سند ہو گی ؟ "۔۔ لیکن میں بھی کہاں سے کہاں پہنچ گیا، آیئے پھر سنگاپور کی طرف!

دفتر میں مولانا کے چہرے پر مسلسل خشونت سی طاری رہتی تھی جس کی وجہ سے دفتر کے اوقات میں ان سے کھل کر بات کرنے کی جرات کوئی نہ کرتا۔ اس وقت وہ

حسرت صاحب بلکہ بعض اوقات "سر" تک ہو جاتے تھے۔ لیکن دفتر سے اٹھتے ہی سب حجابات اٹھ جاتے اور وہ حسرت صاحب سے اتر کر 'مرشد' ہو جاتے۔ جیپ کی اگلی نشست میں جناب پھیل جاتے اور پچھلی نشست میں جاوید، انعام قاضیؔ، ضمیرؔ اور میں۔ اب فقرے پر فقرہ چست ہو رہا ہے، بات میں سے بات نکل رہی ہے۔ راستے میں اس بے تکلفی سے بولتے کہ سنگاپور کے ٹریفک کے تمام شور وغُل کے باوجود پٹڑی پر چلتے ہوئے رہگیر ان کی بات سن سکتے تھے۔ کئی دفعہ ایسا ہوا کہ کسی واقف کار نے کوئی ایسا انکشاف کر دیا جس پر غصہ، ندامت، تعجب یا کوئی اور مناسب ردِ عمل جو ہوتا وہ تو ہوتا ہی تھا، سب سے زیادہ کوفت اس بات پر ہوتی تھی کہ 'قوم' کا یہ قصہ باہر کیسے پہنچ گیا۔ بعد میں پتہ چلتا۔ "ارے بھئی کل جب تمھاری جیپ گذر رہی تھی۔ میں بر اس بہ روڈ پر 'کون واہ' میں کھڑا تصویریں دیکھ رہا تھا کہ حسرت صاحب کی آواز نے چونکا دیا اور پھر جو کچھ وہ فرما رہے تھے اس نے اور بھی۔۔۔" الغرض دفتر سے باہر قدم رکھتے ہی مرشد کچھ اور ہو جاتے مگر داستان کا یہ حصہ ضمیرؔ سے سینے کہ وہ اس معاملہ میں "ماہر مرشدیات" ہے۔

دفتر میں میرا ان کا واسطہ کچھ ویسے کم تھا کچھ میں اس واسطے کو اور بھی کم رکھتا تھا۔ اس 'واسطے' سے بس یہ سمجھیے کہ کچھ خوف ہی آتا تھا، مرشد جب آواز دیتے، دل دہل جاتا۔ الٰہی خیر! نہ معلوم کم بخت کونسا محاورہ الٹا جا پڑا ہے؟ کس روز مرّے کو تکلیف پہنچ گئی ہے؟ کہیں کوئی شتر گربہ تو نہیں پکڑا گیا؟ کسی جملے کی نشست تو برخاست نہیں ہو گئی، کوئی بندھنے والا خیال کھل تو نہیں گیا؟ خدا معلوم تذکیر و تانیث کا کونسا شاخسانہ اٹھنے والا ہے؟ ہمیں مرشد کے سامنے اپنی جہالت کے اعتراف و اقرار میں کیا تامل ہو سکتا تھا۔ تاہم نوجوانوں کی پوری معنوی نسل کو اپنے سامنے تختہ دار پر کھنچتے ہوئے دیکھنے سے ہم کتراتے ضرور تھے۔ ہمیں مرشد کی ڈانٹ سے زیادہ ان کی مایوسی و آزردگی کا ڈر تھا۔ وہ گاندھی جی

کی طرح دوسروں کو سزا دیتے ہوئے اپنے آپ کو سزا دینے لگتے تھے۔

میں مرشد کی شاموں اور راتوں کا اردلی تھا۔ واقعہ یہ ہے کہ وہ دنوں کی بہ نسبت اپنی شبوں میں کہیں زیادہ زندہ و تابندہ نظر آتے تھے۔ دن کو تو وہ اکثر ایک نہایت واہیات سے خول میں، جس کو انہوں نے اپنے شخصیت کے اوپر منڈھ رکھا تھا، سکڑ کر بیٹھے رہتے تھے۔ بعض اوقات ان کا رویہ نہایت رُوکھی پھیکی سرد مہری سے جاملتا۔ ہم نے بارہا یہ تماشا دیکھا کہ کوئی ملاقاتی پاس بیٹھا ہے مگر مرشد سگرٹ کا ٹن اس کے سامنے رکھ کر خود خول میں چھپے بیٹھے ہیں۔ وہ غریب پشیمان ہو کر اٹھنے لگا تو مرشد جیسے چونک کر بولے۔ "ہوں۔ تشریف رکھیے مولانا، آپ سے تو ابھی بہت سی باتیں کرنا ہیں"۔ وہ اٹھ کر بیٹھ گیا۔ تو مرشد پھر غائب۔ دراصل ان کے اپنے اندر اتنا کچھ تھا کہ باہر دیکھنے کی انہیں فرصت تھی نہ خواہش۔ البتہ شام کو جب آفتاب غروب ہوتا تو یہ آفتاب طلوع ہو جاتا۔ ان کی عادت تھی کہ دفتر سے آنے کے بعد کوئی کتاب سینے پر رکھ کر تھوڑی دیر کے لیے سو جاتے۔ سرِ شام بیدار ہوتے، غسل کرتے، لباس بدلتے۔ چھٹی کا دن ہوتا تو سرے سے اٹھتے ہی اس وقت۔ شیو بھی شام ہی کو بناتے۔ ان کے لیے جاگ کر سونا جتنا مشکل تھا، سو کر جاگنا اس سے زیادہ مشکل تھا اور جاگ کر پھر کہیں باہر جانے کے لیے تیار ہونا تو گویا قطرے کا گہر ہونا تھا۔ صاف ستھرا لباس پہننے کا شوق ضرور تھا مگر اس شوق کو اتنی اہمیت بھی نہیں دے رکھتی تھی کہ لباس خود پہننا بھی پڑے۔ سگرٹ، کتاب اور شراب کے علاوہ وہ کسی شے کو بھی کوئی خاص اہمیت نہ دیتے تھے۔ فوجی وردی کی نوک پلک کے بارے میں سخت لاپرواتھے۔ مگر چونکہ بڑا جرنیلی قد کاٹھ پایا تھا اس لیے جو چیز جس طرح پہن لیتے، سج جاتی۔ وہ تیار ہوتے نہیں تھے، تیار کرائے جاتے تھے۔ ان کا بیٹ مین عنایت اللہ جس کو وہ علامہ کہتے تھے، بیگم حسرت پر تحسین و آفرین بھیجتے ہوئے اکثر کہا

کرتا تھا۔ "میں تو صاحب کو بچوں کی طرح پال رہا ہوں۔"

مرشد تیار ہو کر بیٹھتے تو پوری 'قوم' ان کے کمرے میں جمع ہو جاتی۔ میس سے ملحق بڑی اعلیٰ نشست گاہ موجود تھی لیکن وہاں جا کر بیٹھنے کا سوال ہی پیدا نہ ہوتا تھا کہ مگر مرشد کا بس ہوتا تو وہ کھانا بھی اسی میز پر کھاتے جس پر سمرسٹ ماہم، جیمز جوئیس، عذرا پاؤنڈ اور بالزاک وغیرہ کے دوش بہ دوش حجامت کا سامان، عینک اور گھڑی، سگرٹ اور ماچس، قلم اور کاغذ، معدے کے انگریزی چورن، موزے اور چھوٹی موٹی درجنوں دوسری چیزیں پڑی رہتی تھیں۔ "محفلِ نورانیاں" اسی میز کے گرد جمتی۔ مرشد اس وقت اپنے آپ کو خول سے نکال کر گویا میز پر رکھ دیتے۔ اس وقت ان کے چہرے کی شگفتگی اور گھنی گنجان مونچھوں میں سے پھوٹ کر کان کی لوؤں تک پھیلتی ہوئی ایک دل آویز مسکراہٹ دیکھنے کی چیز ہوتی تھی۔ شام ہوئی اور مرشد نے اپنا مخصوص نعرۂ مستانہ بلند کیا:

"ذرا خان صاحب کو آواز دینا۔"

یہ خان صاحب پوری یونٹ کے کوارٹر ماسٹر تھے جو عملاً مرشد ہی کے لیے وقف ہو کر رہ گئے تھے۔ وہ بیچارے صبح سے اس آواز کے منتظر ہوتے اور آواز سنتے ہی میز کو کارگہِ شیشہ گراں بنا کر رکھ دیتے۔ مرشد کی "محفل شبینہ" کی پہلی مجلس ڈنر تک جاری رہتی اور ڈنر وہ گیارہ بجے سے پہلے شاذ ہی کھاتے۔

یہ 'محفلِ شبینہ' "ذرا خان صاحب کو آواز دینا" سے شروع ہو کر عموماً اس مقام پر ختم ہوتی جہاں یا تو حلق سے کوئی آواز نکل ہی نہ سکتی یا لوگ اپنے آپ کو آوازیں دینے لگتے۔ مرشد کو اپنے دور کے کسی شاعر کا کوئی شعر شاید ہی یاد ہو مگر اساتذہ قدیم کے بلا مبالغہ ہزاروں اشعار سینے میں محفوظ تھے۔ بالعموم وہ داغؔ سے شروع ہوتے پھر جوں جوں

کیف بڑھتا جاتا توں توں غالبؔ و بیدل سے ہوتے ہوئے، عرفی و نظیریؔ سعدیؔ و حافظؔ کی طرف اوپر ہی اوپر چڑھتے جاتے۔ دوسروں کے شعر پڑھنے میں انہیں جتنی راحت ہوتی اپنے شعر سنانے میں اتنی ہی وحشت ہوتی۔ ہم اصرار کرتے تو لاحول پڑھ کر ٹال دیتے۔ لیکن محفلِ شبینہ کے آخری رسیلے لمحات میں ہتھیار ڈال دیتے اور پھر ایک نہایت پُرسوز، کھوئے کھوئے، ڈوبتے ابھرتے ترنم کے ساتھ، جس میں ماورائے سخن بھی ایک بات ہوتی تھی، ڈھائی تین تین شعروں کی دو چار غزلیں سنا دیتے۔ ان کی مشہور غزل 'آؤ حسنِ یار کی باتیں کریں' ہمارا "قومی ترانہ" تھی جس کے بعد مرشد حسنِ یار کی باتوں سے آگے نکل کر خود "آستانِ یار" کی طرف چل پڑتے۔

"ہاؤ ہو" کی یہ محفلیں، مرشد کے کلاسیکی مذاقِ ادب، ان کی وسیع معلومات، دلنشیں ظرافت، شستہ و برجستہ بذلہ سنجی، اور بر محل اعلیٰ اشعار کے ترشح کے باعث ایک سدا بہار دبستانِ علم و دانش کا درجہ رکھتی تھیں۔ باتوں باتوں میں ہم وہ کچھ سیکھ جاتے جو برسوں کے باقاعدہ اکتساب سے بھی شاید ہی سیکھ سکتے۔ بحث کے معاملہ میں ان کا معاملہ یہ تھا کہ 'اک ذرا چھیڑیئے پھر دیکھیے کیا ہوتا ہے' چنانچہ انھیں چھیڑنے کے لیے ہم کوئی غلط نظریہ کوئی متنازعہ فیہ محاورہ، کوئی بھونڈا اسلوبِ بیان، شیر شاہ سوری کا غلط سالِ جلوس، شبلی کے ماخذات، سیماب اکبر آبادی کا کوئی شعر۔ غرض یہ کہ کوئی سی بات مصرع طرح بنا کر چھوڑ دیتے اور مرشد مشرق و مغرب کی وسعتیں سمیٹ کر دیکھتے دیکھتے معلومات کا ایک قطب مینار کھڑا کر دیتے۔ کسی لفظ کی صحت کے درپے ہو گئے تو اردو، فارسی اساتذہ کے یک مُشت پندرہ بیس اشعار گویا ایک دوسرے سے بندھے ہوئے چلے آرہے ہیں۔ قدیم اساتذہ میں سے وہ خدا معلوم کہاں کہاں سے ایسے ایسے گمنام لیکن جید شعرا کو ڈھونڈھ نکالتے جن کو جاننا ادب کو جاننے کے لیے لازمی ہے مگر جانتا کوئی نہیں۔

اردو شاعری میں وہ حسرتؔ موہانیؔ اور اقبالؔ کے بعد کسی شاعر سے کوئی سروکار نہ رکھتے تھے۔ جن شعرا کا کلام نظر سے گذرتا تھا یا جن کو ذاتی طور پر جانتے تھے، مرشد نے ان کو صرف دو درجوں میں تقسیم کر رکھا تھا۔ سوجھ بوجھ کا شاعر اور بکواس۔ کسی لفظ کے حسب نسب کا مسئلہ درپیش ہے تو چراغ لے کر مصر و یونان کے اندھیروں میں اتر جاتے اور عرب و عجم، افغانستان و کشمیر سے ہوتے ہوئے جب مراجعت فرماتے تو ترکی الاصل، عربی النسل، ایرانی نژاد اور خانہ زاد الفاظ کے الگ الگ جلوس ان کے ہمرکاب ہوتے۔ تاریخ پر عبور کا یہ عالم کہ غیاث الدین بلبن کے رکاب داروں کے نام معہ سنِ ولادت و وفات سُن لیجیے۔ سنکدرِ اعظم مقدونیا سے چل کر جن جن راستوں سے ہوتا ہوا بیاس تک پہنچا تھا، مرشد ان راستوں کے ایک ایک پتھر سے واقف تھے۔ اسلام کے تہذیبی، معاشرتی اثرات پر ان کی نظر اتنی گہری تھی کہ صدیوں کی دھوپ چھاؤں کے ایک ایک سائے علیٰحدہ علیحدہ کر کے دکھا دیتے۔ دوسری طرف پراچین، ہندو دیومالا میں بھی بڑی دور تک پہنچے ہوئے تھے۔ افسانوی دیوی دیوتاؤں کے باہمی رشتوں ناطوں، جھگڑوں آویزشوں سے پورے پورے باخبر، علم طب سے اتنا گہرا شغف کہ اگر وہ ادب کے بجائے طب میں جا پڑتے تو شاید زیادہ آسودہ رہتے۔ مزے کی بات یہ کہ فلسفہ ہو یا فلکیات، اس قدر سلجھا کر بیان کرتے کہ مولانا صلاح الدین احمد کے الفاظ میں "موضوع کو پانی کر کے چھوڑتے"۔ تاریخ ان کا خاص مضمون تھا۔ مرشد جو کچھ بولتے تاریخ معلوم ہوتا، جو کچھ لکھتے تاریخ بن جاتا۔

مرشد موج میں ہوتے تو نکتہ طرازی و انجمن سازی کے لیے کوئی غلط بات کہنے کی بھی چنداں ضرورت نہ ہوتی۔ اس کیفیت میں وہ صحیح بات کے بھی پرزے اڑا دیتے۔ بالخصوص جہاں ذاتی پسند یا رائے کی گنجائش ہوتی۔ مثلاً اگر آپ گاندھی جی کی عظمت بیان

کر رہے ہیں تو مرشد بندوق کی نالی گاندھی جی کی طرف سیدھی کر دیتے۔ اگر آپ گاندھی جی کی مذمت کر رہے ہیں تو مرشد اپنے ترکش کے سارے تیر لے کر گاندھی جی کی حمایت میں سینہ سپر ہو جاتے۔ اصلیت، جہاں تک میں سمجھ چکا ہوں، یہ تھی کہ ایک عظیم جینئس ہونے کی وجہ سے ان کی اپنی اَنا کا جذبہ بڑا قوی تھا۔ وہ بڑی سے بڑی شخصیت سے مرعوب ہونے کو تیار نہ تھے۔ چھوٹوں کے سامنے وہ جس عاجزی سے بچھ جاتے تھے بڑوں کے سامنے اتنے ہی سر کش نظر آتے۔ لیکن پھر چند شخصیتیں ایسی بھی تھیں جن کے سامنے ان کی گردن ہر وقت جھکی ہوئی ملی۔ علامہ اقبال اور مولانا ابو الکلام آزاد کے خلاف وہ ایک لفظ بھی نہ سُن سکتے۔

دوستوں کی محبت ان کی زندگی کا سب سے بڑا سرمایہ، سب سے بڑی تسکین تھی مگر دوستی کرنے میں وہ تقدم یا تیزی کے قائل نہ تھے۔ مدت تک یہی نہ کھل سکتا کہ وہ دوست بننے پر آمادہ بھی ہیں یا نہیں لیکن اندر ہی اندر نہایت نامعلوم طور پر وہ دوسرے کے دل میں سماجاتے اور پھر دوستی میں ان کی بے بسی یہاں تک پہنچ جاتی کہ دوست اگر دشمن بھی ہو جاتا تو وہ اسے چھوڑ نہ سکتے۔ عالی ظرفی کا یہ حال تھا کہ وہ سالکؔ صاحب کی سب سے زیادہ عزت ہی اس لیے کرتے تھے کہ سالک صاحب فن میں ان کے سب سے بڑے حریف تھے۔ احمد شاہ بخاری، مجید ملک، مولانا صلاح الدین، صوفی تبسمؔ، عابدؔ، فیضؔ، تاجؔ کا ذکر ہمیشہ بڑی محبت اور شیفتگی کے ساتھ کرتے اور ہندوستان بھر میں بہت کم لوگوں کو ان کے پلّے کا آدمی سمجھتے۔ نیاز مندوں کی ادبی خامیوں پر اندر خانے خود ان غریبوں کو کھا جاتے مگر بیرونی معرکوں میں مرشد کا طاقتور قلم ان کی ڈھال بن جاتا۔ اپنے ساتھ بیدل، نظیری، ظہوری، فغانی وغیرہ کو بھی دوست کی کمک پر لے آتے۔ دوستوں سے وہ کمزوری کی حد تک محبت کرتے تھے۔ افراد و اقدار کے بارے میں ان کے

جمے ہوئے نظریات و تعصّبات اتنے بھاری پتھر تھے کہ کوئی دوسرا تو کیا، ان چٹانوں کو وہ خود بھی اپنی جگہ سے ہلا نہ سکتے تھے۔ سنگاپور میں وہ اپنے لاہور کے بعض ایسے جگری دوستوں کا تذکرہ اکثر بڑے فخر کے ساتھ کیا کرتے تھے جن میں سے ایک دودھ دہی کی دُکان کرتا تھا۔ ایک لوہے کے نلکے نلکیاں بیچتا تھا اور ایک حسرت صاحب سے دوستی کے علاوہ سرے سے کوئی کام ہی نہ کرتا تھا۔ وہ جب ان کی بے غرض محبت، بے ریا خلوص، بے لوث وابستگی میں اپنے حسنِ بیان کا جادو جگاتے تو یوں معلوم ہوتا کہ یہ لوگ جیسے ناولوں کے ہیرو تھے جو کتابوں سے نکل کر لاہور کے گلی کوچوں میں چلے آئے تھے۔ بعض اوقات مرشد عشرت و آسودگی کے اس ماحول میں، جو وہاں انہیں میسر تھا، ان دوستوں کی یاد میں تڑپ اٹھتے، مغموم ہو جاتے اور ملازمت ترک کر دینے کے منصوبے سوچنے لگتے۔ ان کے ایک عزیز دوست ریاض شمیم (اب لیفٹیننٹ کرنل) جب اتفاقاً تبدیل ہو کر سنگاپور آ گئے تو مرشد اس قدر خوش ہوئے کہ اس طرح بے تحاشا خوش ہوتے ہم نے انہیں کبھی نہ دیکھا تھا۔ ہفتوں بھر ملنے والے سے ریاض شمیم ہی کا تذکرہ چلتا رہا۔

"مولانا، سُنا آپ نے، ریاض شمیم بھی یہیں آ گئے۔"

"میں دہلی میں تھا تو وہ وانا سے بدل کر دہلی آ گیا، پھر کلکتے اور اب میرے پیچھے پیچھے یہاں بھی۔"

"آپ ریاض شمیم سے ملے ہیں؟۔ ضرور ملئے گا۔ حسین بھی ہے، ذہین بھی ہے۔"

ان کا سینہ یقیناً آرزوؤں اور ارادوں کا تلاطم زار ہو گا مگر وہ اپنی آرزوؤں، محرومیوں کی کتھا سے دوسروں کو کبھی مکدر نہ کرتے تھے۔ وہ زندگی کے ہر روپ کو ایک انعام، ایک فیضان سمجھتے تھے۔ بہرحال جن دو ایک آرزوؤں کی بہ آوازِ بلند پرورش کیا

کرتے رہتے تھے ان میں سے ایک سلسلہ وار آرزو یہ تھی کہ دریا کے کنارے ایک معقول سا گھر ہو، ڈھنگ کی لائبریری ہو، جس میں بیٹھ کر وہ سمرنا سے بغداد، بغداد سے سمرنا کی تاریخ لکھتے رہیں۔ اور چند یار جانی ہوں جن کے ساتھ شام کو 'ہاؤ و ہُو' رہے۔ غالباً یہ تنہا آرزو ہے جس کی تکمیل کے لیے انھوں نے عملی اقدام بھی کیا تھا۔ پونچھ میں دریا کے کنارے ایک مکان بنوالیا تھا، کتابوں کا خاصہ ذخیرہ جمع کرلیا تھا۔ مگر افسوس کہ حالات اور زندگی نے انہیں وہ کام نہ کرنے دیا جو صرف وہی کرسکتے تھے۔

لاہور شہر اور اس کی زندگی سے مرشد کو عشق تھا۔ سنگاپور کہ جنوب مشرقی ایشیا کا پیرس سمجھا جاتا ہے، بڑا ہی جمیل و تابناک شہر ہے۔ جنگ کے بعد فتح کی مسرتوں نے ان دنوں اس کو کچھ اور زیادہ پیرس بنا رکھا تھا۔ شراب وافر تھی، وقت اپنا تھا۔ غالب نے جو بات آم کے بارے میں کہی ہے وہی بات اس خطے کے زہرہ شمائلوں پر صادق آتی تھی کہ عام بھی تھے اور شیریں بھی۔ آباد میخانے، شاداب رقص گاہیں، خوابگوں ساحل، گاتے ہوئے کیبرے، جگمگاتے ہوئے کلب، معمور ریستوران، ہپی ورلڈ گریٹ ورلڈ کے طرب خانے، آزادی، فرصت، فراغت، مرشد کو اور کیا چاہیے تھا؟ انہیں اس شہر سے یک گونہ لگاؤ بھی پیدا ہو گیا تھا۔ سنگاپور نے انہیں زندگی کے دو ایسے بہترین اور عہد آفریں سال دیے تھے کہ ہر برس کے تھے دن پچاس ہزار۔ مگر اس کے باوجود سوادِ رومۃ الکبریٰ میں انہیں اپنی دلی یعنی لاہور کی یاد ہمیشہ تڑپاتی رہی۔ میں ہر وقت سائے کی طرح ان کے ساتھ لگا رہا ہوں۔ مجھے ایسا کوئی لمحہ یاد نہیں جب وہ لاہور کی یاد سے غافل ہوئے ہوں۔

"مولانا یہ شہر بکواس ہے۔"

"مولانا اس شہر کی اپنی کوئی شخصیت نہیں۔"

"مولانا سنگاپور کو آپ اٹھا کر فرانس میں بھی رکھ سکتے ہیں۔"

اور لاہور کے فضائل میں:

"مولانا لاہور بجلی کا بٹن دبانے سے نہیں بن گیا۔"

"مولانا لاہور ایک تہذیب، ایک وضع کا نام ہے۔"

"مولانا، لاہور، لاہور ہے۔"

مجھے اچھی طرح یاد ہے، ایک دعوت بں مرشد ایک مجرگ سیھی سے اتنی سی بات پر سچ مچ لڑ پڑے تھے کہ سیھ کے والد لاہور کی سکونت ترک کر کے لکھنؤ جا بسے تھے۔

مرشد کی رند مشربی کوئی ڈھکی چھپی چیز نہیں۔ نہ اتنی معمولی چیز ہے کہ میرے چھپائے چھپ سکے۔ وہ خرابی کے پورے معنوں میں رندِ خرابات تھے۔ انہیں سگرٹ، کتاب، شراب سے الگ کر کے دیکھا ہی نہیں جاسکتا۔ انہیں اس طرح دیکھنا غلط بھی ہو گا۔ پینے کے معاملے میں وہ شاعری کے روایتی بلانوش کی طرح دریا سمیٹ کر پی جاتے تھے۔ جتنی پیتے جاتے حواس اتنے ہی روشن ہوتے جاتے۔ بڑی مشکل یہ تھی کہ ان کے بہکنے کا آسانی سے پتہ بھی تو نہیں چل سکتا تھا۔ آنکھیں عموماً ویسے ہی سرخ و مست رہتی تھیں۔ پائے وہ یوں کب جاتے تھے کہ کھوئے جانے کا سراغ مل سکے۔ اگر کوئی ٹوکتا کہ مولانا آپ شاید بہک گئے ہیں تو جواب ملتا۔ مولانا آپ بہک گئے ہیں۔ میرا تو سر دامن بھی ابھی تر نہیں ہوا۔ پھر ہوش مندی کا ثبوت دیتے ہوئے تین چار ساغر پے بہ پے خالی کر جاتے۔ ان کا بہکنا اگر کچھ تھا تو ایک نہایت معصوم سا، بڑا علمی قسم کا بہکنا تھا۔ طنز نوکیلا ہو جاتا، لطیفے بھرپور ہو جاتے، اشعار کی روانی طغیانی پر آجاتی۔ معصیت و بخشش کے مضامین زور باندھ دیتے۔ جن اشعار کو وہ پہلے پینے کا عنوان بناتے تھے انہیں اشعار کو بعد میں رونے کا

سامان بنا لیتے۔ ہم نے اپنی سہولت کے لیے یہ علامت مقرر کر چھوڑی تھی کہ مرشد جس وقت لاہور یا سالک صاحب کے موضوع پر بلاوجہ ہی دوسروں سے الجھنے لگیں تو یہ سمجھیے کہ وہ بہک گئے۔ اس مرحلہ پر وہ خان صاحب کو ہزار آوازیں دیتے خان صاحب قریب نہ پھٹکتے۔

مرشد ہر شام کو جس فراوانی سے پیتے، جس باقاعدگی سے رات کو "شگفتنِ گلہائے ناز" کی سیر کو نکلتے اور پھر جس یکسوئی کے ساتھ ان نظاروں میں الجھ کر رہ جاتے تھے، اس کے بعد ان سے یہ توقع رکھنا کہ انہیں اپنے گھر بار، بیوی بچے کا بھی کچھ خیال ہوگا، ایک زیادتی کی بات تھی۔ بظاہر ان کی وارفتگی سے یہی معلوم ہوتا تھا کہ:

دل میں ذوقِ وصل و یادِ یار تک باقی نہیں

لیکن یہ سب قیاس ہی قیاس تھا۔ مرشد کی شخصیت کا سب سے حیرت انگیز پہلو یہی ہے کہ وہ اندر ہی اندر ایک نہایت جمے ہوئے گھریلو قسم کے انسان تھے۔ بڑے شفیق باپ، نہایت رفیق القلب شوہر، اپنی ساری ماورائیت کے باوصف ان کا دل ہر وقت لاہور یا پونچھ میں اپنے بیوی بچے کے ساتھ دھڑکتا رہتا تھا۔ گھر سے خط آنے میں دو روز کی تاخیر ہو جاتی تو پریشان ہو جاتے۔ جوابی تاروں کا سلسلہ باندھ دیتے۔

بازار کی خرید و فروخت سے انہیں سخت وحشت ہوتی تھی۔ ان کی ضرورت کی اکثر چیزیں ہمیں لوگ خریدا کرتے۔ مگر جب کبھی خود بازار میں نکلتے تو ظہیر و زینب کے لیے ضرور کوئی نہ کوئی تحفہ خرید لیتے۔ ظہیر کو اتنے لمبے لمبے اور پیارے پیارے خط لکھتے کہ اگر اتنا وقت مستقل تصنیف کی طرف دیا ہوتا تو وہ "بغداد سے سمرنا" تک والی تاریخ لکھ ڈالتے۔ ایک مرتبہ آپ وہاں ذرا ایک باقاعدہ عشق میں مبتلا ہو کر عقدِ ثانی پر آمادہ ہو گئے تھے۔ مہینوں تگ و دو ہوتی رہی۔ سینکڑوں ڈالر کے تحائف لڑکی والوں کی نذر کر دیے۔

مگر جب عقد کی ساعت قریب آئی تو ظہیر یاد آگیا۔ زینب یاد آگئی۔ پونچھ یاد آگیا اور آخرش اپنے ہونے والے معزز خسر کو یہ پیغام بھجوادیا کہ مولانا مجھے معاف کردو، مجھ پر لعنت بھیجو، مجھے بھول جاؤ۔

مرشد کی گشتِ شبینہ کا انداز بھی کچھ اپنا ہی تھا۔ مغربی موسیقی سے انہیں ہول آتا تھا۔ فلم دیکھنے کو وہ تضیعِ اوقات سمجھتے۔ البتہ چینی، ملائی، انڈونیشی اوپروں کو شوق سے دیکھتے۔ لیکن کسی ایک مقام پر دیر تک بیٹھے رہنا ان کے لیے قریب قریب ناممکن تھا۔ ہوتا یہ تھا کہ کسی ابتدائی گیت پر یا منظر پر خوش بھی ہولیتے، سر بھی ہلادیا، ساتھ ساتھ کلچر کی بحث بھی اٹھاتے رہے مگر پھر دس پندرہ منٹ کے بعد اکتا بھی گئے۔

"مولانا یہ تو بکواس ہے۔ آیئے کہیں اور چلتے ہیں۔"

اس کے بعد کہیں اور، پھر کہیں اور۔۔۔ اور جب تک شہر کا آخری اوپرا بند نہ ہو جاتا۔ "کہیں اور" کا سلسلہ بند نہ ہوتا۔ ریستورانوں میں بیٹھنے کا بھی یہی ہنجار تھا۔ ایک سے دوسرے میں، دوسرے سے تیسرے میں۔ کہیں دو منٹ کو بیٹھ جاتے، کہیں بس جھانک کر لوٹ آتے۔ کہیں لوگ بہت زیادہ ہوتے کہیں بہت کم ہوتے۔ ہر رات قریباً سارا شہر گھوم کر لوٹتے۔ وہ تھوڑی سی مہلت میں بہت کچھ دیکھ لینا چاہتے تھے، کیسی بھی جگہ ہو، ایک مقام سے بہت جلد ان کی طبیعت بھر جاتی تھی۔ مجھے تو ایسا معلوم ہوتا ہے کہ زندگی سے بھی شاید اسی لیے وہ بہت جلد اکتا گئے۔

سیر و سفر میں کبھی کبھار وہ بے مقصد و بے اختیار سے ہوکر۔ جیسے ندی میں کوئی سنگِ رواں آوارہ۔۔۔ گھومنے کے بھی بڑے حامی و مبلغ تھے۔

"مولانا ان نپی تلی شاہراہوں میں دھرا ہی کیا ہے۔"

"مولانا زندگی بڑی بیکراں چیز ہے۔"

"مولانا زندگی بڑی بیکراں چیز ہے۔"

"مولانا زندگی کو آگے پیچھے، شمال جنوب ہر طرف سے سیکھنا چاہیے۔"

"مولانا آیئے آج ہم اپنے آپ کو شہر پر چھوڑ دیں۔"

اور اپنے آپ کو شہر پر چھوڑنے کے معنی یہ ہوتے کہ وہ حسرت صاحب جو صبح کی سیر میں بھی پیدل نہ چلتے تھے، گھنٹوں شہر کے دالان در دالان قسم کے عقبی کوچوں میں مارے مارے پھرتے۔ ایک مرتبہ اپنے آپ کو جزیرے پر "چھوڑتے چھوڑتے" ہم ایک ایسے ساحلی کمپونگ یعنی گاؤں میں جانکلے جہاں تک پہنچنے سے پہلے ایک وسیع و طویل دلدل کے اوپر تنگ تختوں کے ایک جھولتے لرزتے "پُل صراط" پر سے گذرنا پڑتا تھا۔ جن لوگوں نے مرشد کو دیکھا ہے وہ ان کی مصیبت کا اندازہ کرسکتے ہیں۔ مگر زندگی کو آگے پیچھے سے دیکھنے کے ولولے میں وہ اس "پُل صراط" پر سے بھی گذر گئے۔

یہاں ایک واقعہ یاد آگیا۔ انہیں دنوں مرشد کے دوست مشہور ادیب پروفیسر احمد علی ہندوستان سے چین جارہے تھے۔ ان کا جہاز شب کے چند گھنٹوں کے لیے سنگاپور میں رُک رہا تھا۔ مرشد ایک مدت سے ان کی راہ تک رہے تھے اور ان کے چند گھنٹوں کے قیام کو پُرلطف بنانے کے لیے کوئی پورے تین شب و روز کی مصروفیت طے کر چھوڑی تھی۔ لیکن اتفاق دیکھیے کہ جس شام احمد علی وہاں پہنچے ہیں، مرشد کو سو کر جاگنے، جاگ کر اٹھنے، اٹھ کر تیار ہونے اور پھر دو تین ساغر برائے ملاقات پینے میں اتنی دیر ہوگئی کہ جب ہم لوگ جہاز پر پہنچے تو پروفیسر صاحب شہر کی گشت پر نکل چکے تھے۔ اب انہیں ڈھونڈھنے کا مرحلہ شروع ہوا۔ جاوید نے کہا کہ اتنے بڑے اجنبی، پُراسرار شہر میں اندھادھند تلاش سے کون مل سکتا ہے۔ لیکن مرشد بہت پُرامید تھے۔ فرمایا۔ "کیوں نہیں ملے گا۔ مجھے معلوم ہے احمد علی کو کہاں ہونا چاہیے۔ میرے بھائی میں احمد علی کو جانتا ہوں۔" تلاش

شروع ہوئی تو احمد علی کو جہاں جہاں ہونا چاہیے تھا، ایک ایک مقام پر چھان مارا مگر وہ خدا معلوم کہاں غائب ہو گئے تھے۔ کوئی بارہ بجے کے قریب مرشد یہ کہہ کر کہ ذرا تازہ دم ہو کر ابھی پھر نکلتے ہیں، ایک چینی ریسٹورنٹ میں گھس گئے اور وہاں جام و مینا سے نہ معلوم کیا سرگوشیاں ہوئی کہ خیالات کا دھارا احمد علی کو پاسکنے کی رجائیت کی طرف سے یک بارگی احمد علی کو نہ پاسکنے کی قنوطیت کی طرف مڑ گیا۔ بولے:

"مولانا یہ احمد علی تو ملتا دکھائی نہیں دیتا۔"

"کیوں؟" ہم نے پوچھا۔

"مولانا چینیوں کے اس شہر میں احمد علی کا ملنا ناممکن ہے۔ بات یہ ہے کہ سامنے کے رخ سے احمد علی بھی ساٹھ فی صدی چینی معلوم ہوتا ہے اور چینیوں کے انبوہ میں کسی چینی سے آپ خط و کتابت تو کر سکتے ہیں اسے شناخت نہیں کر سکتے۔ اب اس کو جہاز پر ہی پکڑیں گے۔"

پھر وہیں بیٹھے بیٹھے مرشد نے جو احمد علی کی باتیں شرع کی ہیں کہ وہ کتنا پیارا آدمی ہے، کتنا نڈر ادیب ہے، کتنا قیمتی دوست ہے تو درمیان میں ہماری وقفہ بہ وقفہ یاد دہانیوں کے بعد جب ریستواران سے اٹھ کر آخر جہاز پر پہنچے تو جہاز ہانگ کانگ کو روانہ ہو چکا تھا۔ بعد میں خط و کتابت سے معلوم ہوا کہ پروفیسر صاحب نے بھی اس شب اپنے آپ کو سنگاپور پر چھوڑ رکھا تھا۔

مرشد گو کھانے سے زیادہ پینے کے قائل تھے۔ تاہم ادب کی طرح کھانے کا بھی بڑا ہی کلاسیکی مذاق رکھتے تھے۔ ذائقہ تو بعد کی بات تھی، کھانے کی صورت بُری ہوتی تو اس پر بھڑک اٹھتے۔ طبیعت منغض ہو جاتی، اشتہا مر جاتی۔ کھانا کھانے کے بجائے کھانہ کھانے کے حق میں تقریر کرتے۔ نوابانِ اودھ، سلاطینِ کشمیر اور قطب شاہی علی قلی خانوں کے

مطبخوں، دستر خوانوں کے متعلق وہ جو وسیع ذاتی معلومات رکھتے تھے ان معلومات نے مرشد کو اس ضمن میں کچھ اور بھی مشکل پسند بنادیا تھا۔ ذائقے اور تنوع کے لحاظ سے کشمیری کھانے کو کھانوں کا بادشاہ مانتے تھے۔ شب دیگ، گوشابہ، کمیخوانہ، آفتاب وغیرہ کشمیری کھانوں کی ایک طویل فہرست تھی جو ہمیں ہر کھانے پر سننا پڑتی۔ بارہا مرشد نے شب دیگ خود اپنے ہاتھ سے دم کرنے کا پروگرام بنایا لیکن دیگ میسر آسکی نہ شب۔ ایک مرتبہ ایک چینی لکھ پتی کی دعوت پر جب کوئی پچاس کورسوں کے ڈنر سے سابقہ پڑا جس میں چینی باورچیوں نے چڑیا کی ایک چونچ میں ترش، نمکین، شیریں مچھلی تل کر سامنے رکھ دی تھی تو مرشد چینیوں کی عظمت کے بھی قائل ہوگئے تھے مگر قیادت کا جھنڈا پھر بھی کشمیر ہی میں لہراتا رہا۔

دوسال کے بعد مرشد ۸ فروری ۱۹۴۷ء کو ہم سے رخصت ہوئے۔ احباب کا ایک ہجوم الوداع کہنے کو ساحل پر موجود تھا۔ جس میں فوجی افسر، سردار، سپاہی سبھی شامل تھے۔ مقامی ملاقاتیوں کا بھی ایک جمِ غفیر پہنچا ہوا تھا۔ ملائی معززین، عرب سوداگر، چینی آرٹسٹ اور ہیپی ورلڈ اور گریٹ ورلڈ کے خدمت گار ایک اجنبی کو رخصت کر رہے تھے۔ ان میں بہت تھوڑے تھے جو ادیبِ چراغ حسن حسرت کی عظمت سے واقف تھے۔ ان لوگوں کو انسان چراغ حسن حسرت کی محبت جزیرے کے کونے کونے سے کھینچ لائی تھی۔ ہم سے ہمارا مرشد جدا ہو رہا تھا۔ سپاہی ایک ایسے افسر کو رخصت کر رہے تھے جو افسروں کی نوع ہی سے مختلف تھا۔ مقامی احباب اس شخص کو الوداع کہہ رہے تھے جس سے مل کر وہ ایشیا کے ایک عظیم ملک کی روح میں جھانک سکے تھے۔ ہیپی ورلڈ کے خدمت گار اس محسن سے محروم ہو رہے تھے جو چائے پیے بغیر بھی بڑی باقاعدگی، بڑی فیاضی سے ان کو ٹِپ دیتا تھا۔ اور جب عظیم "ڈویژن شائیر" لنگر اٹھا کر آبنائے ملاکا کے

کھلے دہانے کی طرف رینگنے لگا تو ہمیں یوں محسوس ہوا جیسے زندگی کے وہ دو سال ہماری پوری زندگی پر پھیل گئے ہوں۔ جذبات کے ایک مشترکہ جھٹکے سے ہر دل بوجھل، ہر آنکھ نمناک ہوگئی مگر جو شخص بچوں کی طرح بلبلا کر روپڑا وہ مرشد کا اردلی علامہ عنایت اللہ تھا جو مرشد کو بچوں کی طرح پالتا رہا تھا۔

وہ ادائے دلبری ہو کہ نوائے عاشقانہ
جو دِلوں کو فتح کرلے وہی فاتح زمانہ

***